体育运动

单杠 双杠
SHUANGGANG
DANGANG

主编 王淑清 苏晓明
卢文秋 左钧升

走进**大自然**
走到阳光下
养成**体育锻炼**好习惯

吉林出版集团股份有限公司 全国百佳图书出版单位

图书在版编目（CIP）数据

单杠 双杠 / 王淑清，苏晓明等主编.—长春：吉林出版集团股份有限公司，2011.5（2024.1 重印）
ISBN 978-7-5463-5249-7

Ⅰ. ①单… Ⅱ. ①王… ②苏… Ⅲ. ①单杠项目—青年读物②单杠项目—少年读物③双杠项目—青年读物④双杠项目—少年读物 Ⅳ. ①G832.3-49②G832.4-49

中国版本图书馆 CIP 数据核字（2011）第 081723 号

单杠 双杠

主编	王淑清　苏晓明　卢文秋　左钧升
责任编辑	息望　林琳
出版发行	吉林出版集团股份有限公司
印刷	三河市同力彩印有限公司
版次	2011 年 7 月第 1 版　2024 年 1 月第 9 次印刷
开本	787mm×1092mm 1/16　印张 10　字数 100 千
地址	吉林省长春市福祉大路 5788 号　邮编 130000
电话	0431-81629968
电子邮箱	11915286@qq.com
书号	ISBN 978-7-5463-5249-7
定价	45.80 元

版权所有　翻印必究
如有印装质量问题，请寄本社退换

《体育运动》编委会

主　　任　宛祝平
编　　委　支二林　方志军　王宇峰　王晓磊　冯晓杰
　　　　　田云平　兴树森　刘云发　刘延军　孙建华
　　　　　曲跃年　吴海宽　张　强　张少伟　张铁民
　　　　　李　刚　李伟亮　李志坚　杨雨龙　杨柏林
　　　　　苏晓明　邹　宁　陈　刚　岳　言　郑风家
　　　　　宫本庄　赵权忠　赵利明　赵锦锦　潘永兴

目录 CONTENTS

单杠

第一章 运动保护
第一节 生理卫生……………………………2
第二节 运动前准备…………………………3
第三节 运动后放松…………………………8
第四节 恢复养护……………………………10

第二章 单杠概述
第一节 起源与发展…………………………12
第二节 特点与价值…………………………14

第三章 单杠场地、器材和装备
第一节 场地…………………………………18
第二节 器材…………………………………18
第三节 装备…………………………………20

第四章 单杠基本技术
第一节 单脚蹬地翻上呈支撑………………24
第二节 外挂膝上……………………………26
第三节 背后正握跳起呈后屈体悬垂………28
第四节 正撑单腿向前摆越呈骑撑及还原…30
第五节 骑撑后腿摆越转体180°呈支撑……32
第六节 骑撑前回环…………………………34
第七节 单挂膝后回环………………………37
第八节 支撑后回环…………………………39
第九节 支撑前翻下…………………………41
第十节 骑撑后腿向前摆越转体90°下……43
第十一节 支撑后摆下………………………45
第十二节 后撑前摆直角下…………………47
第十三节 经直角悬垂摆动屈伸上…………49

目录

第十四节 高杠慢翻上·············51
第十五节 起摆·················53
第十六节 悬垂摆动··············55
第十七节 悬垂摆动后摆下··········57
第十八节 训练特点··············60

第五章 单杠基本套路
第一节 第一套·················64
第二节 第二套·················65
第三节 第三套·················68

第六章 单杠比赛规则
第一节 程序···················72
第二节 裁判···················76

双杠

第七章 双杠概述
第一节 起源与发展··············80
第二节 特点与价值··············82

第八章 双杠场地、器材和装备
第一节 场地···················86
第二节 器材···················86
第三节 装备···················90

第九章 双杠基本技术
第一节 跳上支撑前摆呈外侧坐······92
第二节 杠端跳起分腿骑坐前进······94
第三节 分腿坐经两手远撑杠与单腿侧摆
　　　同时转体 180° 呈分腿坐·········96

目录 CONTENTS

第四节 滚杠·····99
第五节 分腿坐慢起呈肩倒立·····101
第六节 分腿坐前滚翻呈分腿坐·····104
第七节 肩倒立前滚翻呈分腿坐·····106
第八节 外侧坐越两杠下·····108
第九节 支撑摆动·····111
第十节 支撑后摆转体180°呈分腿坐·····113
第十一节 支撑前摆下·····116
第十二节 支撑前摆向内转体180°下·····118
第十三节 支撑后摆下·····120
第十四节 挂臂屈身上·····122
第十五节 前摆上·····124
第十六节 后摆上·····126
第十七节 支撑摆动臂屈伸·····128
第十八节 支撑后摆呈肩倒立·····130
第十九节 杠端跳起支撑移行至远端·····132
第二十节 肩倒立前滚翻呈分腿坐·····134
第二十一节 肩倒立侧翻下·····136

第十章 双杠基本套路
第一节 第一套·····140
第二节 第二套·····141
第三节 第三套·····143

第十一章 双杠比赛规则
第一节 程序·····146
第二节 裁判·····150

单杠

第一章 运动保护

"生命在于运动",但是盲目、不科学的运动非但不能起到强身健体的作用,反而会给身体带来一定的伤害。只有掌握体育锻炼的一般性生理卫生知识,科学地进行体育锻炼,才能起到健身强体的作用。

第一节 生理卫生

青少年在进行体育运动时，除了应进行一般性的身体检查和必要的咨询外，还要注意培养运动兴趣和把握适当的运动强度。

一、培养运动兴趣

在进行运动前，必须培养自己对体育运动的兴趣。培养兴趣的方法有很多，如观看体育比赛，与同学、朋友进行体育比赛等。有了浓厚的兴趣，就能自觉地投入体育运动之中，从而达到理想的锻炼效果。

二、把握运动强度

因为青少年进行体育运动，主要是在享受运动的过程中增强体质，提高健康水平，而不仅是为了创造运动成绩，所以运动强度不宜过大。控制运动强度最简单的办法是测定运动时的脉搏。对青少年来说，运动时的脉搏控制在每分钟140次左右较为合适。

第二节 运动前准备

运动前进行充分的准备活动，对于青少年来说是非常重要的。一些体育运动爱好者，常常不重视运动前的准备活动，从而导致各种运动损伤，影响运动效果，也容易失去对体育运动的兴趣，甚至产生对体育运动的畏惧心理。因此，青少年在进行体育运动前，必须做好充分的准备活动。

一、准备活动的作用

运动前做好充分的准备活动能够对肌肉、内脏器官有很大的保护作用，同时还可以提前调节运动时的心理状态。

(一)提高肌肉温度，预防运动损伤

运动前进行一定强度的准备活动，不仅可以使肌肉内的代谢过程加强，温度增高，黏滞性下降，提高肌肉的收缩和舒张速度，增强肌力，同时还可以增加肌肉、韧带的弹性和伸展性，减少由于肌肉剧烈收缩而造成的运动损伤。

(二)提高内脏器官的功能水平

内脏器官的功能特点之一就是生理惰性较大，即当活动开始、肌肉发挥最大功能水平时，内脏器官并不能立刻进入

最佳活动状态。

(三)调节心理状态

青少年进行体育锻炼不仅是身体活动，而且也是心理活动。研究证明，心理活动在体育锻炼中起着非常重要的作用。体育锻炼前的准备活动，可以起到心理调节的作用，即接通各运动中枢间的神经联系，使大脑皮层处于最佳兴奋状态。

二、如何进行准备活动

一般来说，准备活动主要应考虑内容、时间和运动量等问题。

(一)内容

准备活动可分为一般准备活动和专项准备活动。一般准备活动主要是一些全身性的身体练习，如跑步、踢腿、弯腰等。一般准备活动的作用在于提高整体的代谢水平和大脑皮层的兴奋状态，减少运动损伤的发生。专项准备活动是指与所从事的体育锻炼内容相适应的动作练习。

下面介绍一套一般准备活动操，供青少年运动前使用。这套活动操主要包括头部运动、肩部运动、扩胸运动、体侧运动、体转运动、髋部运动和踢腿运动等。

1. 头部运动

头部运动的动作方法(见图1-2-1)是：

两手叉腰，两脚左右开立，做头部向前、向后、向左、向右以及绕环运动。

2. 肩部运动

肩部运动的动作方法(见图1-2-2)是：

手扶肩部，屈臂向前、向后绕环以及直臂绕环。

3. 扩胸运动

扩胸运动的动作方法(见图1-2-3)是：

屈臂向后振动及直臂向后振动。

4. 体侧运动

体侧运动的动作方法(见图1-2-4)是：

两脚左右开立，一手叉腰，另一臂上举并随上体侧屈而摆动。

5. 体转运动

体转运动的动作方法(见图1-2-5)是：

两脚左右开立，两臂体前屈，身体向左、向右有节奏地扭转。

6. 髋部运动

髋部运动的动作方法(见图1-2-6)是：

两脚左右开立，两手叉腰，髋关节放松，向左、向右各做360°旋转。

7. 踢腿运动

踢腿运动的动作方法(见图1-2-7)是：

两臂上举后振，同时一腿向后半步，然后两臂下摆后振，同时向前上方踢腿。

单杠双杠

图 1-2-1

图 1-2-2

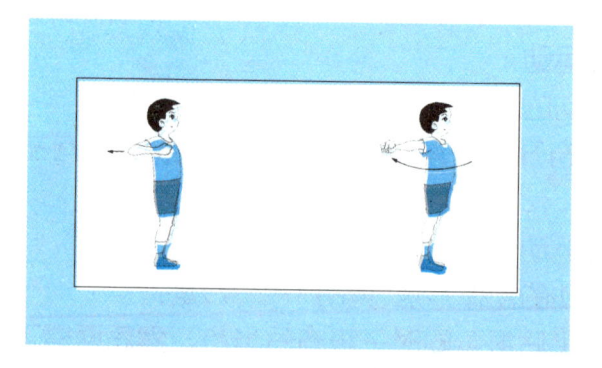

图 1-2-3

YUNDONG BAOHU 运动保护

图 1-2-4

图 1-2-5

图 1-2-6

007

图 1-2-7

(二)时间和运动量

准备活动的时间和运动量随体育锻炼的内容和量而定，由于以健身为目的的体育运动量较小，因此准备活动的量也相对较小，时间也不宜过长，否则，还未进行体育锻炼身体就疲劳了。半小时的体育锻炼，准备活动时间一般以 10 分钟左右为宜。

第三节 运动后放松

进行剧烈的体育运动后，有些青少年习惯坐在地上，或是直接躺下来休息，认为这样可以快速消除疲劳。其实不然，这样做的结果不仅不能尽快地恢复身体功能，反而会对身体产生不良影响，正确的做法应该是运动后做一些整理活动，放松身体。

一、运动后整理活动的必要性

运动后的整理活动不但可以避免头晕等症状，还可以有效地消除疲劳。

(一)避免头晕

在进行运动时，心血管功能活动加强，骨骼肌等外周毛细血管开放，骨骼肌血流量增加，以适应身体功能的需要。而运动时骨骼肌的节律性收缩，又可以对血管产生挤压作用，促进静脉血回流。

人体在停止运动后，如果停下来不动，或是坐下来休息，静脉血管失去了骨骼肌的节律性收缩，血液会由于受重力作用滞留在下肢静脉血管中，导致回心血量减少，心血输出量下降，造成暂时性脑缺血，出现头晕、眼前发黑等一系列症状，严重者甚至会出现休克。为了避免这些症状的发生，整理活动是非常必要的。

(二)消除疲劳

除了避免头晕等症状的发生，运动后的整理活动还可以改善血液循环状态，达到快速消除疲劳的目的。

二、放松方法

在运动后放松时，应注意以下几个问题：

（1）做一些放松跑、放松走等形式的下肢运动，促进下肢静脉血的回流，防止体育锻炼后心血输出量的过度下降；

（2）在下肢活动后进行上肢整理活动，右臂活动后做左臂的整理活动，通过这种积极性休息，使身体功能得到尽快恢复；

（3）整理活动的量不要过大，否则整理活动又会引起新的疲劳；

（4）在进行整理活动时，应当保持心情舒畅、精神愉快。

第四节 恢复养护

人体在运动后，除采用休息和积极性体育手段加速身体功能的恢复外，还可以根据体育运动的特点，补充不同的营养物质，以尽快消除疲劳。

运动结束后，人体内会产生一种叫作乳酸的酸性物质，它的积累会造成肌体的疲劳，使恢复时间延长。所以，我们在体育运动后，应多补充一些碱性食物，如蔬菜、水果等，而动物性蛋白等肉类食品偏"酸"，在运动后的当天可适当减少摄入。

第二章 单杠概述

单杠运动是体操项目之一,对运动员的双臂、肩带和腰背力量,以及腕关节、肩关节、髋关节的灵活性要求较高。单杠运动的高难度动作主要集中在飞行动作的直接连接上,这就需要运动员具有准确的时空判断能力和良好的心理素质,以及勇敢顽强、大胆果断、勇于拼搏的优良品质。

第一节 起源与发展

单杠运动的起源可追溯到原始社会时期人们在丛林中进行的各种攀登、爬越、摆动、摆荡等练习。当时只是一种实用生活技能，后来随着社会的进步，才成为一种强身健体的手段。

一、起源

单杠起源于德国。18世纪末西欧国家的杂技表演出现了抓住钢丝做大回环的动作，有人受此启发，架设了一副木制单杠，单杠运动由此产生。

随着技术动作的发展，1850年单杠的木棍换成了铁棒，并采用了可以升降的铁立柱，成为最早的现代式样的铁质单杠，后来逐渐演变成现代的单杠器械。

二、发展

单杠是体操项目之一，近代体操在18世纪以前还没有形成一个独立的体系。当时的体操是和游戏、军事、祭祀、竞技等活动一起作为总的体育系统而存在的。直到19世纪初叶和中叶，德国、瑞典两大体操体系和学派先后形成，单杠运动才相应地发展起来。

从1862年第一次体操比赛至今，现代单杠运动已有一个半世纪的历史了。

19世纪60年代至20世纪50年代初期,是单杠项目的最初发展阶段,技术比较简单。

20世纪30年代,单杠技术有了较大发展,1936年在柏林举行的第11届奥运会上出现了扭臂握大回环、分腿燕式腾越下、团身后空翻两周下等复杂动作。

20世纪50年代以后,单杠成套动作的难度逐渐加大,连接技术也开始丰富起来。

1949年中华人民共和国成立以后,在党和政府的正确领导和关怀下,我国的竞技体操动作和其他运动项目一样,得到了迅速发展,特别是竞技体操中的单杠动作发展更为迅速。

1953年在北京举行的运动会上,我国第一次将体操列为全国性比赛项目。

1984年7月第23届奥运会上,在单杠项目的比赛中,我国体操健儿获得了第二名的好成绩。

1985年,我国参加了在加拿大的蒙特利尔举行的第23届世界体操锦标赛,获得了单杠项目的金牌。

1999年,在天津举行的世界体操锦标赛中,我国选手杨威获得单杠第二名的好成绩。

目前,单杠运动具有统一的器械标准,其规格由国际体联规定。现代单杠比赛的动作全部由摆动动作组成,要求连续不断没有停顿。比赛时,由于人体始终处于各种复杂的运动状态下,加上摆幅大、上抛高,场面显得特别惊险,扣人心弦。所以单杠运动被人们称为勇敢者的运动,还获得了"器械体操之王"的美誉。

第二节 特点与价值

单杠运动动作丰富且有易有难,主要用来发展上肢力量和身体的协调性,是青少年增进健康、增强体质的良好手段。

一、特点

(一)动作丰富、形式多样、易于普及

单杠运动动作丰富、形式多样,锻炼者可以根据自己的身体条件、训练水平以及不同的训练目的,选择不同的动作进行练习,以达到锻炼身体、增强体质、增进健康的目的。

(二)全面锻炼和重点锻炼相结合

练习者合理选择动作,可以全面地进行锻炼,能够促进身体的全面发展。当然,练习者还可着重锻炼身体的某个部位,或发展某种身体素质,进一步促进身体的全面发展。

（三）运用保护和帮助

保护和帮助不仅是一种安全措施，也是一种重要的安全教学手段。实践表明，在单杠教学练习中，正确地运用和熟练地掌握保护和帮助的方法，对防止受伤、加速掌握动作、提高运动技术水平、培养团结互助精神，都具有非常重要的作用。

（四）观赏性强

单杠是最具观赏性的运动项目之一。在单杠教学训练和比赛中，不论单个动作还是成套动作，都要求动作协调、幅度大、节奏性强、造型美观大方。连贯紧凑、变幻莫测的单杠动作，使观赏者在紧张中感受欢欣，在惊叹中分享成功的喜悦。

（五）不断创新

单杠是一项以技术动作为主要评判标准的运动，这就要求单杠动作不断发展和创新。创新是单杠运动的生命，没有创新，单杠运动就失去了活力。

二、价值

(一)发展身体平衡性和协调性

单杠不仅是一项竞技项目,同时也是具有较高强身价值的体育项目。单杠的技术动作主要通过绕杠旋转来完成,包括摆动、摆越、屈伸、回环、腾越、空翻和转体等,要求练习者具有高度的适应旋转能力和空间位置上的自我控制能力,这对发展身体的平衡性和协调性具有积极的作用。

(二)健身价值

从健身角度讲,单杠运动可以发展腕、肩、髋关节的灵活性和协调性,提高肩部和腰部肌肉的力量,这对提高身体素质、提高活动能力、改善机能状况、塑造健美形体等都有良好的作用。

(三)磨炼意志

一套单杠动作几乎全都是不停顿的回环动作,其中至少要有一次双手离杠的动作、一次背部朝向单杠的动作和一次转体动作。这是对能力和意志的巨大挑战,有助于培养练习者良好的心理素质,以及勇敢、顽强、敢于拼搏的精神品质。

第三章 单杠场地、器材和装备

　　单杠运动动作变化多样,具有很强的观赏性和艺术性。这项运动对场地、器材和装备都有很高的要求,高质量的场地、器材和装备是单杠运动练习者发挥高水平的必要保证。

第一节 场地

单杠运动的强度较大，练习者应选择空旷、通风的场地进行，以利于运动时的氧气供给和二氧化碳的扩散。如果是在健身房练习，就要考虑健身房的光线、空气和卫生条件，有条件的健身房还可以添设镜子。

单杠运动的场地要平坦，否则很容易造成练习者脚踝扭伤。地面要有垫子，厚度在18~22厘米之间，以便下杠时缓冲，以免因压力而使足底或腰部受到损伤。

第二节 器材

从事单杠运动的主要器材是单杠，它在构造和规格等方面都应满足一定的要求。

一、构造

单杠的构造（见图3-2-1）是：
(1)由两根支撑立柱水平支撑一根杠子；
(2)支撑立柱竖直立在地面上，下面有底盘；
(3)用4根绳索将单杠拉成直立，4根绳索和地面的4个地钩相连。

图 3-2-1

二、规格

单杠的规格是：
(1)杠子横截面直径为 2.8 厘米,允许误差 0.01 厘米;
(2)两个连接点之间距离为 240 厘米,允许误差 1 厘米;
(3)套节之间的距离为 200 厘米,允许误差 1 厘米;
(4)从地面开始测量到杠子顶端的距离为 280 厘米,允许误差 1 厘米。

三、其他要求

（1）必须能通过调节增加5厘米的高度；
（2）杠子必须有弹性，保证不折断；
（3）器械整体也要有弹性，地板钩、支撑立柱、钢绳的安装和拉紧度必须严格符合要求，保证统一弹性；
（4）杠子和支撑立柱之间必须通过活结相连，以保证有效的弹性；
（5）杠子必须允许能在上面做转体和滑行动作，同时不易打滑；
（6）整个器械必须稳固，在使用时支撑立柱不能移动或摆动；
（7）在使用时，杠子和钢绳不能产生干扰声音；
（8）钢绳要纤细，不应妨碍视线。

第三节 装备

由于单杠的运动量较大，练习者的体温升高较快，排汗量较多，因此运动服装应满足一定的要求。

一、规格

单杠动作幅度大，变化复杂，因此在选择服装时要力求舒适，最好穿弹性好的紧身运动衣裤、体操服和健美操服等，这样既漂亮又便于运动（见图3-3-1）。

图 3-3-1

二、要求

服装的选择要随季节的变化而调整。夏天炎热,穿两节式健美操服或体操服较好,以便身体较快地蒸发汗液;冬天寒冷,在室温较低的练习场馆练习时要注意服装的保暖性,最好在练习的前半段穿着较厚的运动外套,等身体完全发热后再换成健美操服或体操服。

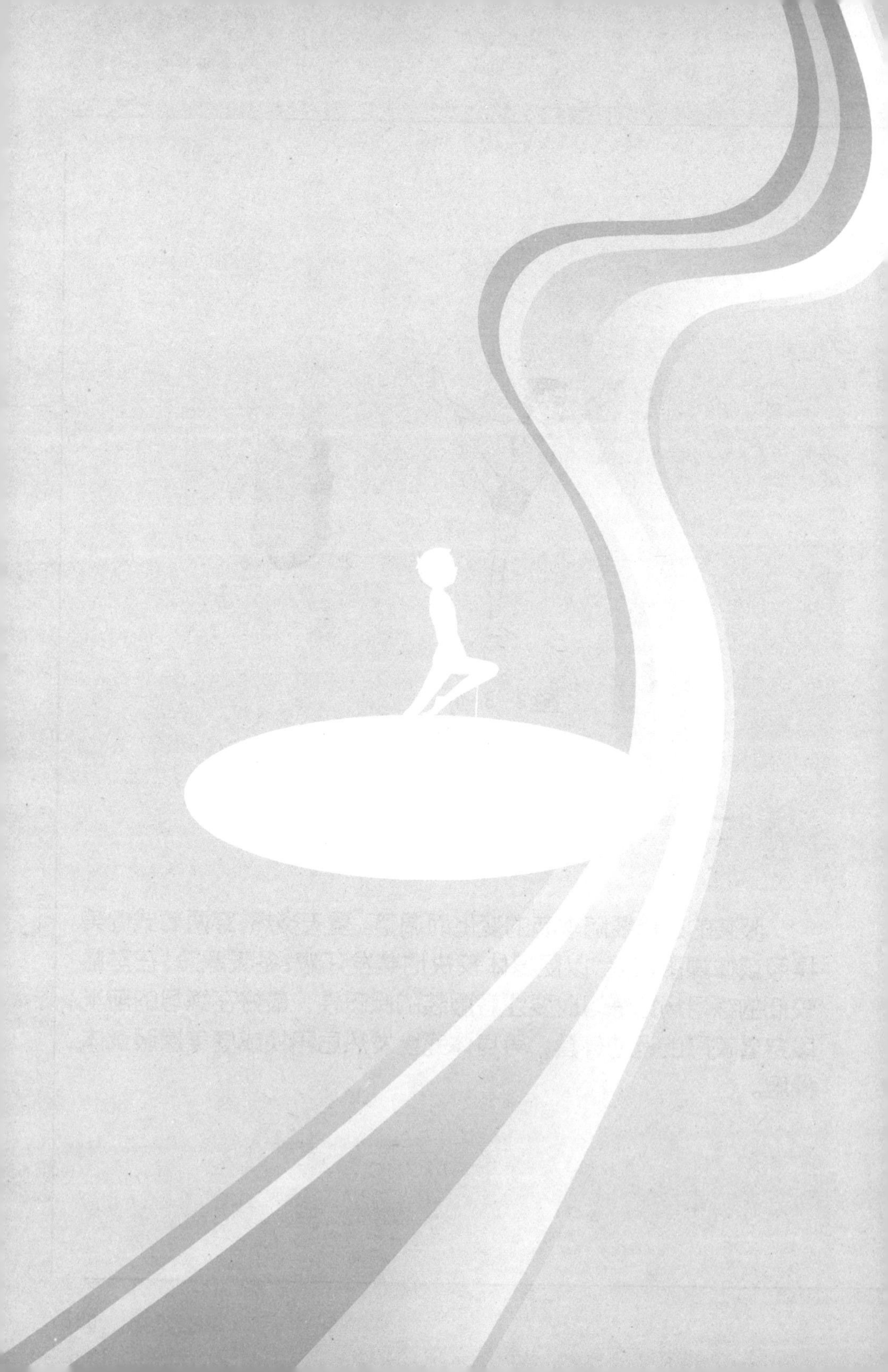

第四章 单杠基本技术

单杠基本技术是单杠初学者必须掌握的基础性动作,只有打好基础才能更好地学习成套动作。初学者在练习单杠时,动作选择一般应由易到难,器械选择通常从低单杠逐步过渡到高单杠。

第一节 单脚蹬地翻上呈支撑

单脚蹬地翻上呈支撑是单杠基本技术的一种，相对比较简单，初学者较易掌握。下面介绍这个技术的动作方法、保护帮助、注意事项和动作变化。

一、动作方法

单脚蹬地翻上呈支撑的动作方法（见图 4-1-1）是：

（1）由站立悬垂姿势开始（以右脚蹬地为例），两手正握低单杠，与肩同宽；

（2）接着左腿经前向后上方迅速摆起，右脚用力蹬地，同时屈臂引体倒肩，腹部靠杠；

（3）当左腿超过杠水平面时，右腿迅速跟上并拢，继续向后上方摆动至小腹贴杠、两腿下落，随之抬头、挺胸、翻腕、伸髋呈支撑。

图 4-1-1

二、保护帮助

（1）帮助者站在杠前侧面，一手托练习者的腰部，另一手托其肩部；

（2）当腹部贴杠后，换成一手扶肩，另一手托腿。

三、注意事项

（1）摆腿蹬地充分，屈臂用力拉杠，使身体重心迅速靠近单杠；

（2）支撑时双腿与单杠垂直面的夹角为45°以上，动作一定要连贯有序、挺身充分。

四、动作变化

掌握单脚蹬地翻上呈支撑动作之后，练习者可练习两腿同时蹬地翻上动作。臂力和腰腹肌较强的练习者，可过渡到高单杠上练习慢翻上。在熟练掌握该动作之后，还可以尝试练习其他上杠动作，如高杠两手同时换握用力上等。

第二节 外挂膝上

外挂膝上是单杠基本技术的一种，是基本的上杠技术。下面介绍这个技术的动作方法、保护帮助、注意事项和动作变化。

一、动作方法

外挂膝上的动作方法（见图4-2-1）是：

（1）由骑撑正握开始（以右膝挂杠为例），先将右手移至同侧腿的内侧，两臂伸直撑杠，略窄于肩宽，身体重心顺势略左移；

（2）右腿后移屈膝挂杠，上体后倒呈挂膝悬垂前摆，尽可能沿着最大的弧度向下后方摆动，此时右腿向前上方伸出，肩顺势用力，向后引臂送髋，至臀部靠近单杠前水平位置时，右腿制动；

（3）回摆，当臀部回摆接近杠下垂直面时，左腿后摆用力加速，同时直压杠、扣腕呈支撑，左腿前伸，右腿屈伸，右手随后换握至同侧腿外侧，上体正直呈骑撑。

图4-2-1

二、保护帮助

（1）帮助者站在杠下左前方,当练习者左腿后举挂膝前摆时,一手扶肩,一手扶摆动腿的膝部,助其往前上方送髋;

（2）当挂膝回摆时,一手托背,一手顺势压左腿的大腿部位,帮助身体向上成骑撑位置,然后及时换成一手扶肩,一手扶腿,以免前倒掉杠。

三、注意事项

（1）摆动中直臂握杠,肩远离握点,臀部回摆过杠下垂直面后,两臂快速压杠,转腕呈支撑;

（2）挂膝摆动的幅度要充分,前后摆动时与杠下垂直面的左右夹角在45°以上,整个动作直臂完成。

四、动作变化

练习者在熟练掌握外挂膝上动作后,可改用骑撑开始做单挂膝上和骑上,然后由助跑开始做单挂膝上或骑上。上述动作熟练后,可移到高单杠上练习。

第三节 背后正握跳起呈后屈体悬垂

背后正握跳起呈后屈体悬垂是单杠基本技术中比较容易的一种，初学者容易掌握。下面介绍这个技术的动作方法、保护帮助、注意事项和动作变化。

一、动作方法

背后正握跳起呈后屈体悬垂的动作方法（见图 4-3-1）是：

（1）由背向低单杠正握站立开始，上体略前屈，屈膝下蹲，蹬地跳起，同时低头含胸，收腹提臀、沉肩；

（2）当臀部摆过杠下垂直面后，两臂夹紧呈屈体悬垂。

图 4-3-1

二、保护帮助

帮助者站在杠前侧方，一手托练习者的肩部，另一手托其腹部，帮助蹬地提臀，随后换成一手托腰，一手扶小腿。

三、注意事项

（1）下蹲后向上跳起；
（2）屈体悬垂时臀部高于肩，两臂紧靠大腿；
（3）直臂完成，动作缓慢。

四、动作变化

练习者在熟练掌握该动作后，可选择跳上呈后撑动作和后挺身倒悬垂前上呈后撑动作练习。

第四节 正撑单腿向前摆越呈骑撑及还原

正撑单腿向前摆越呈骑撑及还原是单杠基本技术的一种,和前三节动作相比略有难度,初学要认真学习才能达到良好的效果。下面介绍这个技术的动作方法、保护帮助、注意事项和动作变化。

一、动作方法

正撑单腿向前摆越呈骑撑及还原的动作方法(见图 4-4-1)是:

(1)由支撑姿势开始(以右腿为例),右臂顶杠,身体重心左移,同时右腿向右侧摆起,随后右手推开杠,右腿向前摆越;

(2)上体随之右移,右手迅速撑杠,右大腿根部靠杠呈骑撑;

(3)还原时右手推杠,上体左移,同时右腿经侧向后摆越,随后上体右移,右手迅速撑杠,并腿呈支撑。

图 4-4-1

二、保护帮助

帮助者站在练习者摆越腿的异侧,一手扶其上臂,一手托其摆动腿,配合重心的移动,帮助其固定呈骑撑和支撑的身体姿势。

三、注意事项

（1）移重心与手推离杠同时进行；
（2）上体左移紧依支撑臂,撑杠要快；
（3）腿侧摆越时要有明显的腾越,骑撑时腿直、臂直、上体直,两腿前后分开的夹角大于 90°。

四、动作变化

在熟练掌握该动作的基础上，可选择右腿向左摆越呈骑撑动作或单腿间接摆越呈骑撑动作进行练习。

第五节 骑撑后腿摆越转体 180°呈支撑

骑撑后腿摆越转体 180°呈支撑是单杠基本技术中上杠技术的一种，略有难度，要求练习者有较强的支撑能力。下面介绍这个技术的动作方法、保护帮助、注意事项和动作变化。

一、动作方法

骑撑后腿摆越转体 180°呈支撑的动作方法（见图 4-5-1）是：

（1）由骑撑开始（以右腿骑撑为例），右手离身体 20～30 厘米处反握撑杠，左臂顶杠，重心右移，上体侧后倒，同时展髋，左腿后举，左手离杠；

（2）以右臂支撑为轴，头、肩和上体依次向右转动，带动左腿摆越过杠转体 180°，左手握杠，左腿向右腿并拢，挺身呈支撑。

图 4-5-1

二、保护帮助

（1）帮助者站在练习者的正前方，一手或两手握其前脚，顺势帮助转体呈支撑；

（2）站在杠后与练习者转体方向相同的一侧，一手握支撑臂，一手扶臀部，帮助转体呈支撑。

三、注意事项

（1）上体侧后倒，挺身控腿，上体与杠垂直面保持适度倾斜，维持身体平衡；

（2）挺身转体时，动作要平稳、连贯有序。

四、动作变化

练习者熟练掌握该动作后，可以尝试做骑撑后腿向前摆越转体180°呈骑撑动作。此外，还可选择支撑单腿后摆越呈反握骑撑或撑后腿向前摆越等动作。

第六节 骑撑前回环

骑撑前回环是单杠基本技术中上杠技术的一种，技术性强，对力量要求较高。下面介绍这个技术的动作方法、保护帮助、注意事项和动作变化。

一、动作方法

骑撑前回环的动作方法(见图 4-6-1)是：

(1)由两手反握骑撑开始(以右腿骑撑为例)，直臂、顶肩、提臀撑杠，随后重心前移，右腿上举向前跨出，左大腿前部贴杠，同时挺胸、直臂、上体前倒，尽量使身体重心远离握点；

(2)当上体回环至杠下垂直面附近时，前腿下压使大腿根部靠杠；

(3)当回环至上体超过杠水平面时，直臂压杠、挺胸、翻腕、制腿、控制握杠，两腿伸直成骑撑。

图 4-6-1

二、保护帮助

（1）帮助者站在杠后的右侧方，一手翻握练习者手腕；
（2）当练习者的上体回环至杠下垂直面时，换成一手托背，另一手扶腿，使其成骑撑。

三、注意事项

（1）支撑位置高，挺胸、前跨、倒上体，前腿要加速向下摆动；
（2）当超过杠下垂直面后，前腿下压根部靠杠；
（3）当超过杠后水平面时，翻腕、控制握杠成骑撑，两腿前后分开的夹角大于90°，保持分腿、直臂、直腿完成回环一周。

四、动作变化

练习者在熟练掌握骑撑前回环动作的前提下，可以尝试做骑撑后回环或骑撑侧回环动作。

第七节 单挂膝后回环

单挂膝后回环是单杠基本技术中上杠技术的一种，难度一般，但要求练习者支撑能力强。下面介绍这个技术的动作方法、保护帮助、注意事项和动作变化。

一、动作方法

单挂膝后回环的动作方法（见图 4-7-1）是：

（1）由骑撑正握开始（以右膝挂杠为例），左腿向后摆，右膝勾杠，两臂向前推杠，上体抬头、挺胸、用力后倒；

（2）当转成挂膝悬垂时，左腿用力前上摆，身体尽可能远离杠，加大摆动幅度和转动半径；

（3）当回环至 3/4 周时（背部朝上），左腿向正后方伸出，同时抬头、挺胸、转腕，上体向后上抬起；

（4）当上体转回到预备姿势时，右腿伸直前移，重心适中呈骑撑姿势。

图 4-7-1

二、保护帮助

帮助者站在杠下左侧前方,右手从杠下握练习者左手腕,当上体回环至杠水平面时,左手托其肩呈骑撑姿势。

三、注意事项

（1）推杠、抬头、挺胸和身体后倒动作之间的配合协调一致；
（2）挂膝悬垂时,身体远离杠；
（3）回环至背部朝上时抬头、挺胸、转腕,上体后抬；
（4）回环过程中,应摆动幅度大、方向准确,重心轨迹圆滑,直臂、挺胸完成动作。

四、动作变化

练习者熟练掌握该动作后,还可做单挂膝前回环、双挂膝前(后)回环、单手握膝脚勾前回环等动作。上述动作熟练后可移到高单杠上练习。

第八节 支撑后回环

支撑后回环是单杠基本技术中上杠技术的一种,难度较高,尤其对髋关节的柔韧性和控制能力有很高的要求。下面介绍这个技术的动作方法、保护帮助、注意事项和动作变化。

一、动作方法

支撑后回环的动作方法(见图4-8-1)是:

(1)由支撑开始,腿后摆、肩前倾、臂撑直,随后两腿用力向前摆,腹部离杠,身体高于肩水平;

(2)在身体下落髋部触杠瞬间,梗头、屈髋、两腿前摆、两臂压杠,上体后倒绕杠回环;

(3)待上体回环至3/4周时,腿制动、伸髋、抬头、翻腕成支撑。

图4-8-1

二、保护帮助

（1）帮助者站在杠前侧面，当后倒时，一手按练习者腰助其腹部靠杠，另一手拨大腿助其回环；

（2）当制腿抬上体时，换成一手托肩，一手托腿助其抬上体。

三、注意事项

（1）后摆时，直臂含胸；

（2）腹部靠杠时，梗头倒肩、直臂压杠；

（3）回环至杠前水平时，背腿制动，起肩、挺胸成支撑；

（4）直臂直体，回环连贯。

四、动作变化

练习者熟练掌握支撑后回环动作后，以此为基础可继续学习其他形式的动作，如支撑前回环、屈体立撑向后回环、屈体立撑向前回环和腾身后回环等技术动作。

第九节 支撑前翻下

支撑前翻下是单杠基本技术中下杠技术的一种,简单易学,初学者比较容易掌握。下面介绍这个技术的动作方法、保护帮助、注意事项和动作变化。

一、动作方法

支撑前翻下的动作方法(见图4-9-1)是:

(1)由支撑开始,两臂略屈,上体前倒,低头、屈髋、扣腕,小腹贴紧杠;

(2)当上体前翻接近杠下垂直部位时,屈臂拉杠,臀部前翻,大腿沿杠缓慢下落,同时伸髋;

(3)当两脚在杠前落地后,推手挺胸,两臂伸直呈杠前站立姿势。

图 4-9-1

二、保护帮助

　　帮助者站在杠下,练习者上体前翻时,一手托背,另一手托臀,帮助其两腿沿杠慢慢下落。

三、注意事项

(1)前倒时,腹部靠杠,扣腕;
(2)下翻时,两臂和腹部收缩用力,控制翻转速度;
(3)动作缓慢连贯,落地轻。

四、动作变化

　　练习者熟练掌握支撑前翻下后,还可以尝试做支撑前翻呈身体倒悬垂姿势,然后做直臂直体经前水平姿势慢慢落下呈杠后站立姿势的前翻下动作。

第十节 骑撑后腿向前摆越转体 90°下

骑撑后腿向前摆越转体 90°下是一个转体动作，熟悉掌握了支撑前翻下动作，做骑撑后腿向前摆越转体 90°下就比较容易了。下面介绍这个技术的动作方法、保护帮助、注意事项和动作变化。

一、动作方法

骑撑后腿向前摆越转体 90°下的动作方法（见图 4-10-1）是：

（1）由骑撑开始（以右腿为例），右手离腿约 20 厘米处反握撑杠；

（2）左手推杠并上举，上体向右侧倒，重心移至右臂，左腿向左侧前方提越，右腿下压，利用杠的弹性位能使身体腾起；

（3）以右臂为轴，用头和肩带动身体向右转体 90°，同时展髋挺身，两腿迅速并拢挺身落下，成身体左侧向杠的站立姿势，左臂斜上举。

图 4-10-1

二、保护帮助

（1）帮助者站在练习者摆动腿异侧前方，一手扶练习者支撑臂，略向右前方拉，另一手托其腿，顺势向侧上方送；
（2）随后换成一手扶肩，另一手托臀，帮助其挺身落地。

三、注意事项

（1）左手推杠，上体侧倒，重心右移；
（2）转体后撑杠，臂顶肩推杠，两腿并拢后挺身落地；
（3）挺身转体后，两脚平于杠水平面，腾空明显。

四、动作变化

练习者熟练掌握该动作后，可尝试练习骑撑后腿向前摆越同时转体270°下、骑撑前腿向后摆越转体90°下、骑撑后腿向前摆越转体90°下等动作。

第十一节 支撑后摆下

支撑后摆下是单杠基本技术中下杠技术的一种,动作简单,初学者很容易掌握。下面介绍这个技术的动作方法、保护帮助、注意事项和动作变化。

一、动作方法

支撑后摆下的动作方法(见图4-11-1)是:

(1)由支撑开始,肩略前倾,两腿先略前摆,随后用力后摆,直臂顶肩成腾身姿势撑杠;

(2)当身体重心上升接近最高点时,含胸并制动两腿,同时直臂顶肩推杠,抬上体挺身跳下,然后屈膝缓冲落地,两臂斜上举。

图4-11-1

二、保护帮助

（1）帮助者站在练习者的侧后面，一手扶其上臂，另一手托其大腿前部，助其后摆；

（2）挺身下时，跟随其落地点，一手扶上臂，另一手扶背。

三、注意事项

（1）两腿后摆用力向后上方甩腿，同时直臂、含胸、顶肩撑杠，两腿制动，直臂顶肩推杠；

（2）腾空时两腿下压，抬上体；

（3）后摆时两脚高于头部，保持直体挺身。

四、动作变化

练习者在熟练掌握该动作的基础上，可以变换该动作的其他形式以助水平提高，例如，支撑后摆转体90°下、支撑后摆转体180°下和支撑后摆转体270°下。

第十二节 后撑前摆直角下

后撑前摆直角下是单杠基本技术中下杠技术的一种，难度略大。下面介绍这个技术的动作方法、保护帮助、注意事项和动作变化。

一、动作方法

后撑前摆直角下的动作方法（见图4-12-1）是：

（1）由后撑部位开始，两腿先后摆，伸髋，上体略后仰，两手正握，两臂顶肩撑杠；

（2）两腿前举，接着向前伸腿送髋，同时两手向后用力推离杠，挺身落下，呈背向杠的站立姿势。

图4-12-1

二、保护帮助

（1）帮助者站在杠前侧方，一手扶练习者肩部，另一手托其臀部，助其踢腿举臀；

（2）换成一手扶胸，一手扶背，帮助稳定身体重心，防止落地时摔倒。

三、注意事项

（1）举腿时上体后仰，直臂顶肩撑杠；

（2）推杠放手的力量与举腿的高度成正比；

（3）腾空时伸腿送髋，两臂斜上举；

（4）后撑两腿举腿时，脚高于头，臀平于肩，躯干与大腿的前夹角小于90°，放手展髋挺身时，腿高于杠水平面。

四、动作变化

练习者在熟练掌握后撑前摆直角下动作的前提下，可以尝试做后撑后倒下或后撑后摆直角下动作。

第十三节 经直角悬垂摆动屈伸上

经直角悬垂摆动屈伸上动作危险性高，练习者要在保护帮助下完成。下面介绍这个技术的动作方法、保护帮助、注意事项和动作变化。

一、动作方法

经直角悬垂摆动屈伸上的动作方法（见图 4-13-1）是：

（1）由站立姿势或摆动悬垂开始（以站立姿势为例），位于杠后30～40厘米处，屈膝下蹲，然后向后上方跳起，提臀、屈髋、直臂、含胸、沉肩，经直角悬垂两脚沿地面前摆；

（2）逐渐向前伸髋展体，拉开肩角，在前摆接近结束时，迅速收腹举腿、屈髋、翻臀，使两脚靠近杠面呈屈体悬垂姿势；

（3）待肩后摆超过杠下垂直面后，两腿迅速沿杠向前上方伸髋至大腿根部，同时直臂压杠，紧跟上体，翻腕成支撑。

图 4-13-1

二、保护帮助

　　帮助者站在杠前练习者一侧,一手托扶其肩背,另一手托扶其大腿或臀部,帮助前摆、收腹举腿、伸髋、压杠成支撑。

三、注意事项

　　(1)当前摆接近最高点时,快速举腿翻臀,两脚靠近杠面呈屈体悬垂姿势;
　　(2)当后摆肩超过杠下垂直面后,两腿始终沿杠面伸展,同时配合直臂压杠,跟上体成支撑;
　　(3)经屈体悬垂摆动,直臂直腿,展髋充分。

四、动作变化

　　变化后的主要动作有低杠原地跳起呈屈体悬垂屈伸上、摆动屈伸上(高杠)、支撑后倒成屈体悬垂屈伸上和后撑后倒成屈体悬垂屈伸上等。

第十四节 高杠慢翻上

高杠慢翻上是单杠基本技术的一种，也是一种简单的上杠技术。下面介绍这个技术的动作方法、保护帮助、注意事项和动作变化。

一、动作方法

高杠慢翻上的动作方法（见图4-14-1）是：
（1）由两手正握直臂悬垂姿势开始，屈臂引体至头部过杠；
（2）举腿倒肩，腹部靠杠，随后仰头抬上体，翻腕成支撑。

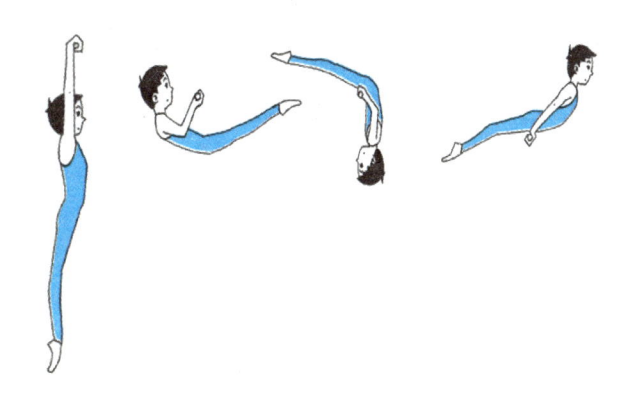

图4-14-1

二、保护帮助

帮助者站在杠前侧面,当练习者引体时两手向上托送其大腿,然后换成一手托其肩,一手托其腰,帮助翻上。

三、注意事项

（1）屈臂引体,重心迅速靠杠,制动、抬头、翻腕;
（2）支撑时双腿与杠垂直面的夹角在45°以上,动作连贯缓慢,挺身充分。

四、动作变化

掌握了高单杠慢翻上后,可试着做大摆翻上。练习者由小摆动开始,逐步加大摆动幅度,直至后摆超过杠水平面为止,完成大摆翻上动作。

第十五节 起摆

起摆是单杠基本技术中的一种，动作摆动幅度大，用于发展上肢肩带、胸背及腹部的力量。下面介绍这个技术的动作方法、保护帮助、注意事项和动作变化。

一、动作方法

起摆的动作方法（见图 4-15-1）是：

（1）由正握悬垂姿势开始（以屈臂起摆为例），屈臂引体，两腿略前摆；

（2）待其回摆过杠下垂直面后，顺势压杠引体，收腹举腿，上体后倒；

（3）向前上方沿弧线伸髋送臀，同时两臂向后引杠，逐渐打开肩角，伸直两臂及身体，使身体重心最大限度地远离握点，直臂、直体向后摆动。

图 4-15-1

二、保护帮助

帮助者站在杠下一侧，一手托练习者臀，一手托其肩，助其翻臀、送肩，向前上方伸髋摆出。

三、注意事项

（1）收腹举腿要快，前摆超过杠垂直面后，迅速倒肩、举腿、翻臀，向前上方伸腿送髋，拉开肩角；

（2）肩角拉开后，身体重心接近杠水平面，整个动作要连贯，协调一致。

四、动作变化

掌握这个动作后，练习者可改变起摆的预备姿势，试着体会直臂起摆动作和半摆起摆动作。

第十六节 悬垂摆动

悬垂摆动是单杠基本技术中的一种,略有难度,要求摆动幅度大、动作连贯,可用来发展上肢肩带、胸背及腰腹部的力量。下面介绍这个技术的动作方法、保护帮助、注意事项和动作变化。

一、动作方法

悬垂摆动的动作方法(见图4-16-1)是:

(1)由正握悬垂姿势开始,屈(直)臂起摆后,保持身体伸直姿态后摆;

(2)当接近杠下垂直面时,沉肩略屈髋,接着两腿迅速向后上方摆;

(3)待后摆接近极点时,随之直臂压杠,向前转腕,伸直身体;

(4)前摆开始时,含胸顶肩,脚向后伸,身体尽量伸直,当接近杠下垂直面时,沉肩略伸髋;

(5)两腿急速向前上方踢,随之送髋、跟肩、身体伸直,使整个身体向前上方摆至最高点,如此反复。

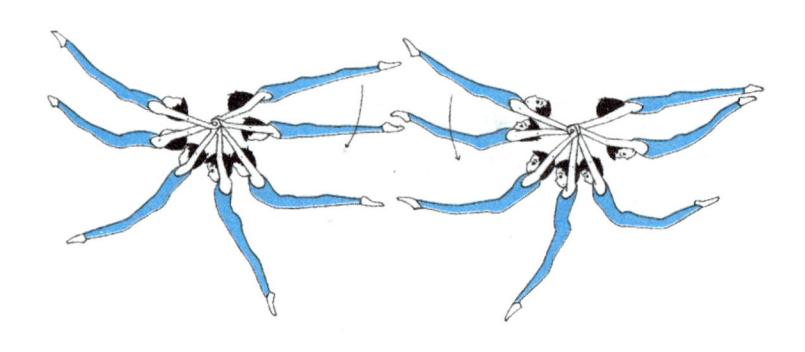

图 4-16-1

二、保护帮助

帮助者站在杠下一侧,前摆时托练习者的腰或背部,后摆时托其腹部,助其摆动,同时观察其握点,防止脱手。

三、注意事项

(1)前摆接近杠下垂直面时沉肩伸髋,后摆临近杠下垂直面时屈髋留腿;

(2)前摆或后摆摆过杠下垂直面后,加速兜腿或用力甩腿;

（3）前摆或后摆至极点时，扣腕或转腕，防止脱手；
（4）直臂摆动，前摆或后摆至最高点时，身体接近杠水平面。

四、动作变化

在掌握了悬垂摆动动作的基础上，练习者可试着做悬垂摆动转体180°呈正反握垂体和弧形摆动两个动作。

第十七节 悬垂摆动后摆下

悬垂摆动后摆下是由起摆和悬垂摆动组合而成，略有难度，要求动作连贯，用于发展上肢肩带、胸背及腰腹部的力量。下面介绍这个技术的动作方法、保护帮助、注意事项和动作变化。

一、动作方法

悬垂摆动后摆下的动作方法（见图4-17-1）是：

(1)由悬垂摆动开始,当最后一次向后摆动身体接近杠下垂直面时,沉肩,略屈髋;

　　(2)两腿加速向后上方甩,当后摆接近极点时制动两腿,同时直臂压杠、抬头、振胸,推杠松手挺身下。

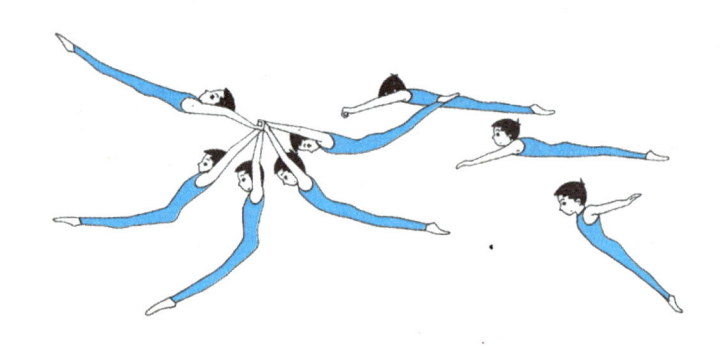

图 4-17-1

二、保护帮助

　　(1)帮助者站在杠后侧方,后摆甩腿时,两手托练习者大腿,顺势助其上摆;

　　(2)松手时,一手托腹,一手扶背,防止练习者跌倒。

三、注意事项

（1）后摆接近垂直面时，沉肩，含胸，略屈髋；
（2）摆过垂直面后，两腿向后上方快速甩腿；
（3）后摆至极点时制动两腿，直压杠，振胸，推杠挺身；
（4）后摆高度在45°以上，直臂压杠，挺身充分。

四、动作变化

掌握后摆下动作之后，可做后摆屈体下、后摆转体90°和180°下，还可结合支撑后倒弧形摆动练习后摆下及转体下。

第十八节 训练特点

20世纪70年代以后，单杠技术逐步进入一个飞跃发展阶段，一些技术大量被移植到高低杠、吊环、双杠等项目上，从而起到了推动竞技体操发展的先导作用。单杠技术有很多训练特点，下面我们简单介绍其中的四个重要特点。

一、强调正确的鞭打振浪技术

在完成各种复杂的回环、腾越、换握、转体、空翻等动作时，都离不开最基本的技术——鞭打振浪技术。因此，从启蒙训练开始，就应全力抓好悬垂摆动的训练，并逐步过渡到更为关键的大回环加速和鞭打振浪技术。随着单杠运动水平的提高，这种关键性的基本技术的要求也有所提高，以适应高难度动作的发展。

二、有效运用各种教法手段

由于单杠器械高、动作摆幅大，运动员在完成一系列高难度动作时具有一定的危险性，所以在学习新难动作或改进动作过程中，要有目的地运用各种教法，以消除运动员的心理障碍，缩短训练时间，加快掌握正确技术，从而提高运动员的身体控制能力，减少训练中的风险。

三、注重"时空感"的训练

单杠器械是体操项目中最具有三维空间的一个项目，训练中必须十分重视空间定位和精确的肌肉用力感，只有具备这种能力，才能在特定的"时空"条件下掌握各种新潮动作。因此，在训练中，应安排一些蹦床、弹网练习，并通过各种空翻、空翻转体等动作来提高这方面的能力。

四、重视海绵坑和花车保护带的使用

随着单杠动作难度和复杂性的不断增加，运动员完成高难度动作时潜在的危险性也愈来愈大。通过海绵坑和花车保护带的有效帮助，能充分运用各种先进的诱导练习方法，帮助运动员迅速体会各环节的技术动作，还有助于运动员克服学习高难技术动作时的恐惧心理。

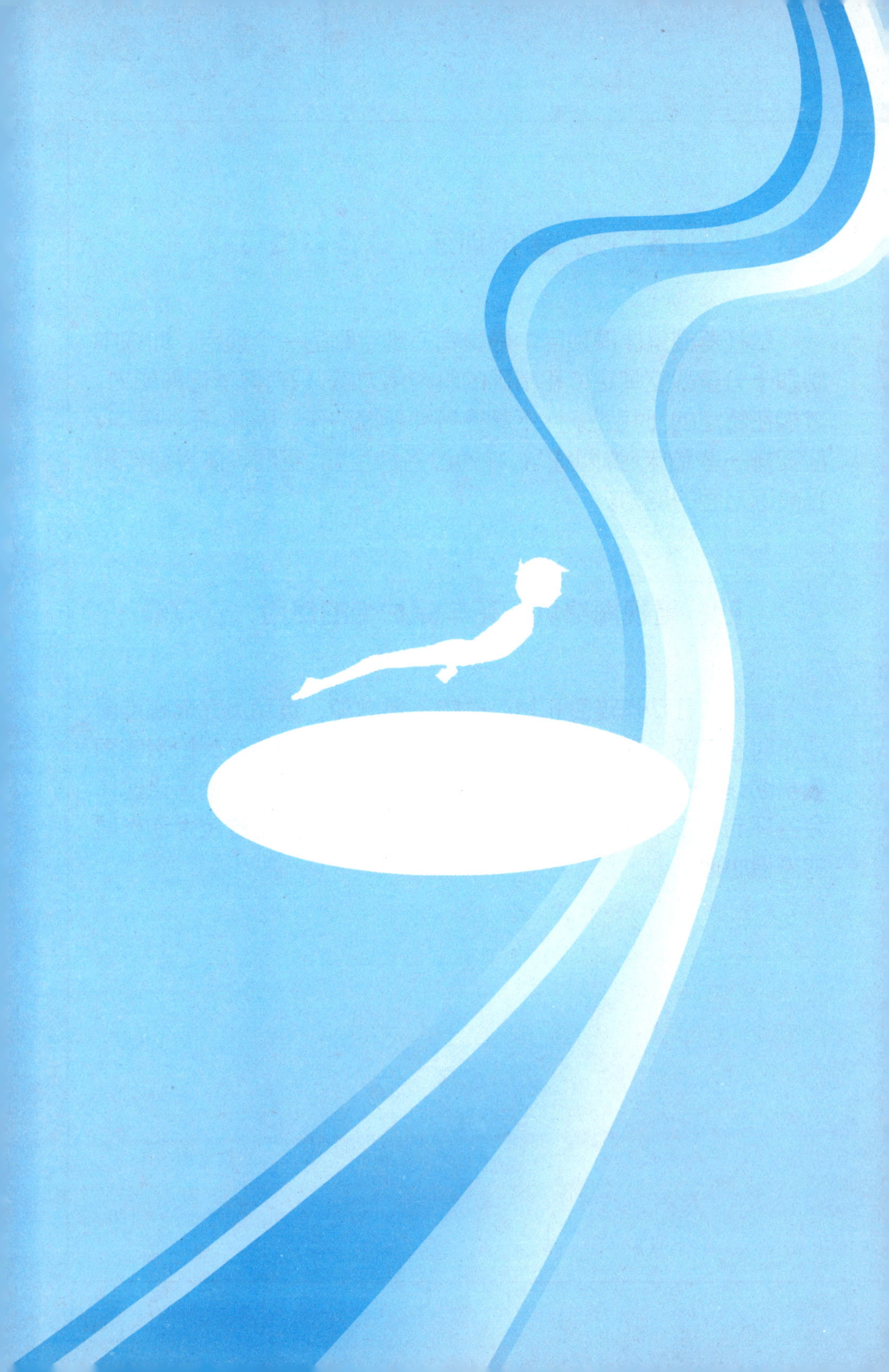

第五章 单杠基本套路

掌握基本技术是学习套路的基础,但是熟练地掌握基本技术并不一定能学好基本套路。基本套路是由几个基本技术组合而成的,并且对力量的要求要比练习单个技术动作高,初学者需要加强力量性练习,才能很好地掌握基本套路。

第一节 第一套

　　第一套动作由四个基本动作组成,动作难度不高,初学者容易掌握,动作方法(见图5-1-1)是:
　　(1)低杠单脚蹬地翻上呈支撑;
　　(2)单腿摆越呈骑撑;
　　(3)单挂膝后回环;
　　(4)后腿向前摆越转体90°下。

图 5-1-1

第二节 第二套

第二套动作由五个基本动作组成,动作难度略大,但只要认真练习,也会很快掌握,动作方法(见图 5-2-1)是:

(1)低杠经直角悬垂摆动屈伸上;
(2)单腿摆越呈骑撑;
(3)骑撑前回环;
(4)后腿向前摆越转体 180° 呈支撑;
(5)后摆挺身下。

单杠 双杠

DANGANG JIBEN TAOLU 单杠基本套路

图 5-2-1

第三节 第三套

第三套动作由三个基本动作组成，动作难度和第二套动作相似，动作方法（见图5-3-1）是：

(1)高杠慢翻上；
(2)支撑后回环；
(3)支撑后倒弧形后摆下。

DANGANG JIBEN TAOLU 单杠基本套路

图 5-3-1

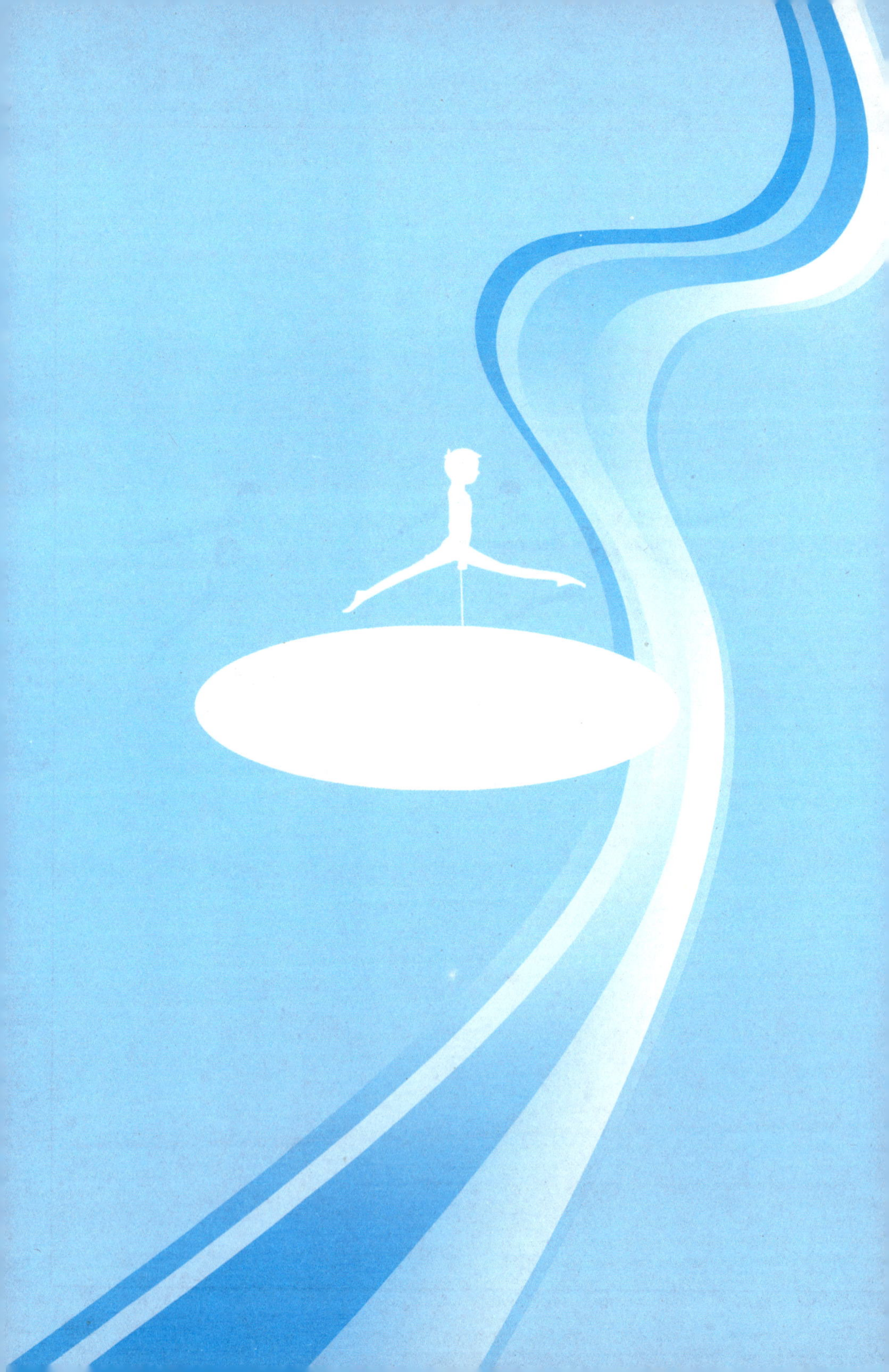

第六章 单杠比赛规则

比赛需要遵循一定的程序来开展,同时也需要必要的裁判工作来维持。合理的程序是比赛顺利进行的前提条件,正确、合理的裁判工作是比赛公平、公正的基本保障。了解比赛规则的相关知识,能够使观众更全面、更深入地欣赏比赛,同时也能使运动员游刃有余地进行比赛。

第一节 程序

青少年的单杠比赛一般都是规定动作，下面介绍单杠规定动作的比赛程序。

一、参赛办法

(一)组织机构

根据比赛规模大小成立组织机构，并由竞赛委员会召开领队和教练等有关方面参加的联席会议，会议内容包括：
(1)介绍比赛场地及有关工作的筹备情况；
(2)解释比赛规程和评分规则等方面的有关问题；
(3)抽签决定比赛顺序和安排试用场地，研究和决定有关比赛事宜。

(二)比赛规程

比赛规程是比赛的指导性文件，文字应简明、准确，使参赛单位不致产生误解。比赛规程应提前发放到参赛单位和有关部门，以便其做好参赛准备并安排好各项事宜。比赛规程一般包括下列内容：

(1)比赛的名称；
(2)比赛的目的和任务；
(3)比赛的日期和地点；
(4)参赛单位；
(5)比赛的项目(内容)；
(6)比赛办法；
(7)参赛者的人数及条件限制等规定；
(8)评分办法；
(9)名次录取及奖励办法；
(10)报名及报到的方式、日期、地点；
(11)其他未尽事宜由承办单位另行通知。

(三)编印顺序册

在确定比赛顺序和比赛场次后,总记录组应尽快编印顺序册,主要内容包括比赛规程、组委会或竞委会、大会办事机构、仲裁委员会、裁判员名单、参赛单位、大会活动日程安排、比赛日程、比赛顺序和比赛场地示意图等。

(四)组织裁判学习

(1)赛前首先由总裁判长对裁判员进行裁判分工；
(2)用1～3天的时间学习比赛规程和评分规则,统一评分标准,到现场观看训练并进行试评。

(五)比赛前准备工作

（1）做好场地、器械的准备工作，包括设计和复印裁判员评分表、比赛成绩记录表等比赛用表；

（2）做好画场地、钉标记、安装音响设备等后勤工作；

（3）准备好裁判评分用具。

(六)颁奖

（1）为保证比赛的顺利进行，大会与裁判组工作要协调配合，统一指挥，衔接紧凑；

（2）为了确保比赛分值准确无误和比赛紧凑进行，比赛可采用迟一队宣布成绩的方法，即第二个队做操完毕退场时宣布第一个队的成绩，依此类推；

（3）比赛结束应及时当众发奖，发奖仪式应简短热烈，以达到良好的宣传效果。

二、比赛方法

(一)动作要求

（1）运动员在单杠项目上做上杠或助跑时，必须从双腿并拢站立姿势开始；

(2)运动员做上杠时,摆一条腿或迈一步是不允许的,双脚必须同时离地;

(3)一套动作以单手或双手接触杠子开始算起,从双脚离地起开始评分;

(4)不允许有预备动作,即在手握杠子之前,不能做绕身体轴线转体超过 180°的动作。

(二)编排要求

(1)一套动作中最多允许有 3 个停顿,其他大于或等于 1 秒的停顿是不允许的;

(2)所有确认的静止动作最少要保持 2 秒;

(3)不允许只简单地改变方向和后摆落呈较低的悬垂或支撑位置,如挂臂悬垂后摆接长振屈伸上、支撑后摆接挂臂前摆上和支撑后摆接向后大回环等。

第二节 裁判

裁判是比赛顺利进行的基本保障,是比赛公平、公正的基础。了解裁判工作的相关知识,有助于观众更加深入地欣赏比赛,也有助于运动员充分发挥自己的技术水平,取得好的成绩。

一、裁判员

裁判员必须做到严肃、认真、公正、准确和稳定,必须精通动作的评分规则,掌握动作的技术规格和裁判方法,尤其要把握单杠运动的评分特点。

按照国际体操联合会的规定,在大型比赛中,每个项目的裁判员人数为9人,其中裁判长1人,A组裁判员2人(其中包括技术助理1人),B组裁判员6人。裁判长的任务是指导和监督本组裁判员的评分工作,A组裁判员主要是根据运动员一套动作的难度、特殊要求和加分等计算出起评分,B组裁判员主要是对运动员动作的完成情况进行扣分。

二、评分

(一)扣分标准

各等级的规定动作都有明确的动作规格和具体的扣分标准，其他错误均按国际体操评分规则的要求进行扣分。

1. 漏做动作

如果运动员漏做了规定动作中的某个或部分动作，应扣去该动作或部分动作的整个分值。

2. 附加动作

对于多做的动作部分，每次均按虚摆处理，女子每次扣0.3分，男子半个虚摆扣0.2分，整个虚摆扣0.3分。

3. 改变动作方向

运动员的动作方向与规定方向相反，扣该动作分值的一半。女子允许部分或全部改变动作方向，但动作路线不能改变，否则扣0.2分。

4. 重做

规定动作原则上不能重做，如果不是运动员的原因使得动作中断，须经过裁判长或总裁判长的允许才可重做。

5. 掉下

运动员从器械上掉下(无论脱手与否)，应在30秒内继续完成动作，每次扣掉0.5分。

6. 帮助

规定动作不允许帮助，否则扣掉所帮助动作的分值。

(二)一般错误扣分标准

1. 错误内容

(1)姿势错误,包括头、手姿势差,屈臂,弯膝,分腿,勾脚尖和身体松懈等;

(2)技术错误,包括跨跳步高度不足,团身、屈体、直体姿势不充分,劈腿开度不足,腾空动作的高度不足,转体不充分,手、脚触器械,掉下或抓器械,落地不稳等。

2. 错误扣分等级

(1)女子轻略小错扣0.1分,中错扣0.2分,大错扣0.3分,严重错误扣0.35~0.5分或更多,非常大错扣0.5分或更多;

(2)男子小错扣0.1分,中错扣0.2分,大错扣0.3分,掉下扣0.5分。

双杠

第七章 双杠概述

双杠是实用器械体操健身项目之一，动作有易有难，练习方法多种多样。锻炼者可在杠端、杠中、杠上、杠下或在一根杠及两根杠上做支撑、悬垂、摆动、摆越、屈伸、滚翻、回环、腾越、转体、倒立和空翻等动力和静力的动作，达到很好的锻炼效果。

第一节 起源与发展

双杠运动起源于19世纪,它在首届现代奥运会上就被列为比赛项目。随着时代的发展,人们对体育锻炼的要求不断变化,双杠运动的技术动作也在不断地变化。

一、起源

双杠运动起源于德国。1811年,德国体操家F.L.杨首先使用双杠作为体操运动的器械。

19世纪40年代,双杠成为独立的比赛项目。

1896年,双杠被列为首届现代奥运会的比赛项目。

二、发展

近年来,双杠技术变化较大,发展较快。杠上整套动作多以支撑、悬垂、摆动和空翻转体为主,动作难度也不断加大,如空翻接空翻、转体或摆越、摆动多度转体接多度转体等。杠悬垂大摆上的动作有了进一步发展,如悬垂前摆上接向后分腿摆越、向后大回环转体或空翻、悬垂前摆上转体180°或360°呈手倒立、后摆上接前空翻或屈体腾越转体等等。

随着动作的发展变化、丰富多彩，运动员能够充分利用双杠的各个部分，上下起伏、纵横交错，以大幅度的动力性动作为主，动静结合，变化多样，连接巧妙、惊险、熟练，别具一格。

此外，杠上动作出现不少鞍马和单杠的移植动作，例如水平支撑接托马斯全旋杠中坐、向后大回环团身后空翻两周呈挂臂、向后大回环屈体后空翻转体180°呈杠端悬垂、向后大回环转体540°呈手倒立、前摆以单臂支撑转体450°呈手倒立、前摆转体540°支撑或挂臂、后空翻分腿后切支撑、前空翻后切、后摆屈体前空翻两周呈挂臂、团身前空翻两周转体180°旋下、杠端大摆团身后空翻两周转体450°旋下等。

动作高难而新颖，飘逸中带有稳健，这使双杠技术有了突破性的发展，也促进了双杠教学中基本技术的发展，如支撑摆动要求学生以肩为轴，前摆和后摆身体充分伸展，倒立至前摆，后摆呈倒立，应有撤肩下摆动作；向前摆动应伸展身体拉大肩角。这样的技术要求，不但提高了动作的幅度和优美感，而且省力、合理，能够为学习较难动作和高难动作打下很好的基础。

第二节 特点与价值

双杠运动的动作丰富，且有易有难，主要用于发展上肢力量和身体的协调性，是青少年增进健康、增强体质的一个良好手段。

一、特点

双杠是奥运会比赛项目，运动占地空间小，器材简单，适合于大众体育锻炼。

(一)内容丰富、形式多样、易于普及

双杠运动的动作内容丰富、形式多样，锻炼者可以根据自己的身体条件和训练水平，以及不同的训练目的，选择不同的动作进行练习，以达到锻炼身体、增强体质、增进健康的目的。

(二)全面锻炼和重点锻炼相结合

练习者合理地选择动作，坚持长期锻炼，就能全面地增强各运动器官、内脏器官和神经系统的功能，促进身体的全面发展。同时，练习者还可着重锻炼身体的某个部位，或发展某种身体素质，进一步促进身体的全面发展。

(三)运用保护和帮助

保护和帮助不仅是一种安全措施,而且是一种重要的教学手段。实践表明,在双杠教学练习中,正确运用和熟练掌握保护与帮助的方法,对防止受伤、加速掌握动作、提高运动技术水平、培养团结互助的思想品德,都具有非常重要的作用。

(四)艺术性强

在双杠教学训练和比赛中,不论单个动作还是成套动作,都要求动作协调、幅度大、节奏性强、造型美观大方。而且,运动员本身的体形健美,他们在比赛和表演场上通过轻松活泼、抒情优美的姿态和稳健高超的动作技巧,给观众带来一种美的享受。

(五)不断创新

双杠比赛规则中,明确规定了"三性",即勇敢性、独特性和熟练性,这要求运动员不仅要高标准地完成规定动作,还必须掌握更加现代化和具有创造性的成套自选动作,如新动作、新连接、新编排和个人风格等。而且所有创新动作都要有难度要求,把高难动作与惊险熟练性结合起来。可以说,创新是双杠的生命,没有创新,双杠运动就失去了生命力。

二、价值

(一)发展身体的平衡性和协调性

双杠练习主要是在负担自身体重的情况下,发展支撑和支撑摆动的典型动作练习。双杠练习过程中,练习者通过形式多样的支撑摆动、分腿、转体和推手等动作练习,可以提高身体在时间和空间位置上的自我调节和控制能力,这对发展平衡能力、支撑力和身体协调性,都有积极的作用。

(二)娱乐身心

青少年可以借助双杠进行杠上支撑移动比赛和杠端跳起、越杠跳下追逐游戏,从而达到娱乐身心、交流情感的目的。

(三)磨炼意志

双杠动作变化多样,有时会因分腿坐或转体180°而碰杠、擦杠,而且整套练习对动作的连续性和完整性要求较高,这需要练习者具有坚强、果断、勇于克服困难的精神品质。因此,双杠练习对青少年良好心理素质的形成和意志品质的培养都有积极的促进作用。

第八章 双杠场地、器材和装备

　　双杠运动动作变化多样，具有很强的观赏性和艺术性。这项运动对场地、器材和装备都有很高的要求，高质量的场地是双杠运动开展的前提条件，而良好的器材和装备是运动参与者高水平发挥的必要保证。

第一节 场地

双杠运动的场地要平坦，否则很容易造成练习者脚踝扭伤。地面要有垫子，厚度在 18～22 厘米之间，以便下杠时缓冲，以免因压力而使足底或腰部受到损伤。

由于双杠练习的强度较大，所以选择空旷、通风的场地，有利于练习者在运动中的供氧和二氧化碳的扩散。如果是在健身房练习，就要考虑健身房的光线、空气和卫生条件。有条件的健身房，还可以添设镜子。

第二节 器材

从事双杠运动时，主要的运动器材就是双杠，它在规格、构造和其他方面需要满足一定的要求。

一、规格

比赛用标准双杠的长度为 350 厘米，横截面长径为 5 厘米，短径为 4 厘米，从杠子上端到地面距离 195 厘米，两个连接点之间距离 180 厘米；两根杠子之间的距离为 42～52 厘米，并且能够自由调节（见图 8-2-1）。

双杠场地
SHUANGGANG CHANGDI
器材和装备
QICAI HE ZHUANGBEI

　　从杠子上端到地面距离和两个连接点之间，距离误差不允许超过1厘米，横截面长径和短径误差不允许超过1毫米。

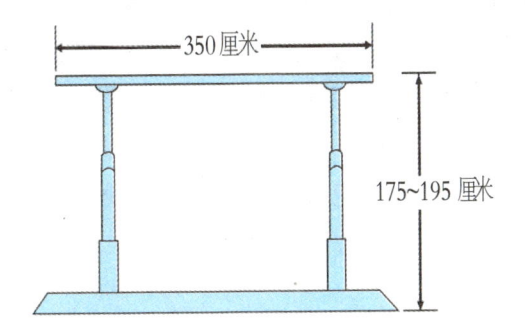

图 8－2－1

二、构造

（1）双杠由两根相同规格的杠子组成，两根杠子平行，且在同一高度；

（2）杠子的横截面呈水滴形，整根杠子的横截面都是完全相同的；

（3）每根杠子由两根竖直立柱支撑，立柱下面有一个起固定作用的底座；

（4）支撑竖直立柱包括一个固定部分和一个可移动部分，这样可以调节双杠的高度和宽度；

（5）杠子的芯可以是木制，也可以由其他材料制成（见图8-2-2）。

图 8-2-2

三、其他要求

（1）杠子必须有弹性，为保证弹性能发挥效力，杠子与支撑立柱的连接点必须是活结；

（2）意外地横向或纵向受力时，杠子不能有明显的纵向或横向摆动；

（3）杠子的表面必须能吸收水分，手握不易打滑；

（4）杠子表面必须由木头制成，除打磨之外，不能对其表面进行任何其他处理；

（5）杠子表面不能有尖锐的边、角或其他突出的部分，不能粗糙；

（6）调节螺丝在固定后不能出现意外移动，调节装置必须是双保险，保证在使用时不出现松动；

（7）基座的大梁以及两梁间的空地必须都用垫子盖上，覆盖后地面必须是平坦的。

第三节 装备

　　由于双杠练习的运动量较大,练习者的体温升高较快,排汗量较多,因此运动服装须满足一定的要求。

　　服装的选择要随季节的变化而调整。夏天炎热,穿两节式健美操服或体操服较好,能使身体较快地蒸发汗液;冬天寒冷,在室温较低的练习场馆练习,就要注意服装的保暖,最好在练习的前半段穿较厚的运动外套,等身体完全发热后再换成健美操服或体操服。

第九章 双杠基本技术

　　学习双杠基本技术是双杠初学者必须掌握的基础,只有打好基础才能更好地学习成套动作。基本技术包括跳上支撑前摆呈外侧坐等 21 种技术动作。

第一节 跳上支撑前摆呈外侧坐

跳上支撑前摆呈外侧坐是双杠基本技术的一种，相对比较简单，初学者也比较容易掌握。下面介绍这个技术动作的动作方法、保护帮助、注意事项和辅助练习。

一、动作方法

（1）杠内站立，从内握杠；
（2）跳起呈支撑，顺势向前上方摆腿，然后左大腿外侧坐杠，弯曲小腿向后下伸，右腿向后下方伸直，使左小腿和右腿在后下方平行；
（3）左手撑杠，右臂侧举，双目平视，上体挺直。

二、保护帮助

保护帮助者站在杠外练习者的左侧，在练习者前摆时托其腰部，帮助其外侧坐。

三、注意事项

（1）跳起直臂撑杠，两腿至垂直位时要用力前摆；
（2）两腿前摆时两肩拉开，两腿向前上方摆起，不低于杠水平面；
（3）支撑前摆时，肩不要后倒；
（4）前摆至臀部过杠面后，身体重心右移，移至杠外后再做外侧坐，左小腿与右腿在后下方平行，上体挺直。

四、辅助练习

（1）做跳上支撑两腿前摆练习；
（2）两臂支撑身体，做重心向杠外平移练习；
（3）在别人帮助下做跳上支撑前摆呈外侧坐（见图9-1-1）。

图9-1-1

第二节 杠端跳起分腿骑坐前进

杠端跳起分腿骑坐前进是双杠基本技术中比较容易学的一种,初学者也比较容易掌握。下面介绍这个技术动作的动作方法、保护帮助、注意事项和辅助练习等。

一、动作方法

(1)由杠端站立开始,两手前握杠,跳起呈直臂支撑;
(2)跳起呈直臂支撑时,两腿顺势前摆,当超过杠面后迅速分腿,呈分腿坐;
(3)由分腿坐开始,推手侧上举、立腰,两腿夹杠挺身前倾,重心前移;
(4)重心前移同时,两臂经侧上举,两手顺势于体前略远处用力撑杠,同时两腿伸直压杠,后摆并腿进杠,然后顺势前摆;
(5)当两腿前摆出杠后,主动前伸髋,制动腿,分腿侧摆呈分腿坐。

二、保护帮助

(1)保护帮助者站于杠外练习者的侧面,一手扶其上臂,前摆时另一手顺势托其背部或臀部,帮助控制平衡和腿前摆至分腿坐;

(2)两个保护帮助者分别站于练习者的两侧,各自一手扶练习者一上臂,另一手顺势托其大腿帮助并腿进杠。

三、注意事项

(1)杠端跳起呈支撑时,两臂要伸直;
(2)两手换握时,向前握杠与身体保持一定距离;
(3)杠端跳起分腿坐时,两腿不仅侧分,而且向后划,大腿根靠近手的虎口位置;
(4)后摆并腿进杠要有腾起,两腿要伸直压杠;
(5)动作要圆滑连贯。

四、辅助练习

(1)小幅度地做支撑前摆呈分腿坐练习;
(2)慢做分腿坐练习,体会推手伸髋;
(3)练习挺身前倾握杠;
(4)练习两腿压杠后摆进杠(见图9-2-1)。

图 9-2-1

第三节 分腿坐经两手远撑杠与单腿侧摆同时转体180°呈分腿坐

分腿坐经两手远撑杠,单腿侧摆同时转体180°呈分腿坐,和前两节动作相比略有些难度,要求初学者认真学习,才能达到良好的效果。下面介绍这个技术动作的动作方法、保护帮助、注意事项和辅助练习。

一、动作方法

（1）由分腿坐开始（以向右为例），右腿前上举，左大腿后部坐杠，左手前举，右手体后撑杠；

（2）右腿从杠中后摆顺势向右转体，左手撑右杠，经左腿撑杠的正俯撑过程，身体重心移至两臂上，肩略前移；

（3）右腿摆至垂直面时，加速侧摆，摆出杠面后，右手推离杠，身体重心左移；

（4）继续向右转体，同时左腿在右腿下摆越两杠，呈分腿坐，右手于体后撑杠。

二、保护帮助

保护帮助者站在练习者转体异侧，当练习者摆出杠面后，一手托其右腿，顺势推搓髋侧部，帮助转体。

三、注意事项

（1）右腿摆动要充分，后摆要有高度，靠摆腿带动转体；

（2）右腿的摆动和左腿的摆越及转体配合要协调；

（3）在做慢动作的过程中，眼睛看着右腿从进杠到摆出杠，不碰杠。

四、辅助练习

（1）由分腿坐开始，做右腿进杠转体90°呈俯撑练习；

（2）由杠上俯撑姿势开始，做摆动右腿后摆转体90°呈外侧坐练习（见图9-3-1）。

图9-3-1

第四节 滚杠

滚杠是基本技术的一种，练习难度一般，相对来说也比较容易掌握。下面介绍这个技术动作的动作方法、保护帮助、注意事项和辅助练习。

一、动作方法

（1）以滚右杠为例，由分腿坐开始，两臂侧上举，直体前倒，左手在杠与肩的垂直处撑杠，并顺势屈臂支撑；

（2）屈臂支撑的同时，右手从杠下靠近左大腿处握杠，虎口向内，掌心向上；

（3）上体前俯，头至杠下，左腿举起带动髋部向右杠翻滚，以臀的上部压杠经分腿仰卧，接着右腿举起，跨越两杠，并向下压杠转体，带动上体抬起；

（4）上体抬起的同时，左肘落下，右肘翻起经屈臂支撑，再用力将臂撑直，上体立起呈分腿坐。

二、保护帮助

(1)保护帮助者站在练习者的左杠，托肩和托拨大腿帮助完成；
(2)两人保护帮助，右侧人握其大腿，帮助翻转。

三、注意事项

(1)握杠方法要正确；
(2)上体前倒至左杠下时，右手应在左手后握杠；
(3)两臂依次屈臂支撑，以腿带动身体翻转，分腿大；
(4)滚杠时应用腰骶部接触杠；
(5)滚动圆滑，两腿伸直，保持一定开度。

四、辅助练习

(1)在垫子上练习由分腿俯撑举左腿翻转，经仰撑再举右腿，转体360°，还原呈分腿俯撑；
(2)练习握杠方法；
(3)先两手握好杠后，在别人帮助下完成动作(见图9-4-1)。

图 9-4-1

第五节 分腿坐慢起呈肩倒立

　　分腿坐慢起呈肩倒立对初学者来说要有足够的力量和控制身体平衡的能力。下面介绍这个技术动作的动作方法、保护帮助、注意事项和辅助练习。

一、动作方法

（1）由分腿坐开始，两手靠近大腿撑杠；

（2）上体前倒，屈臂，提臀，屈体，两肩在手前 20～30 厘米处顶杠；

（3）当肩触及杠时，两肘外张，以肩臂撑压杠，抬头挺胸，两腿离杠后尽量侧分，翻臀，举腿并拢，展体，身体充分伸直呈肩倒立，两手推拉杠控制身体重心，维持平衡。

二、保护帮助

（1）保护帮助者站在杠外练习者的前侧方，一手从杠下托肩，防止漏肩，一手托其大腿，帮助拉高身体重心和保持重心稳定；

（2）两人保护帮助，另一人站在杠内，两手扶其髋部起倒立。

三、注意事项

（1）上体前倒，同时收腹、提臀、腿离杠，肩着杠时及时分肘，以肩臂撑压杠，以防漏杠；

（2）呈肩倒立时，要抬头、紧腰，两肘保持外展，身体要充分伸展；

（3）起倒立时，保持匀速。

四、辅助练习

（1）练习在垫上做分腿立撑慢起头手倒立；
（2）在练习者杠前上方放一块海绵垫；
（3）在倒立架上给予助力，做分腿慢起肩倒立；
（4）在双杠下放横马（或箱），低于杠面，杠上前方放垫子，练习者两脚分别站在杠外马面上，呈分腿屈体站立，肩臂顶住杠，两脚略蹬马，做分腿慢起肩倒立（见图9-5-1）。

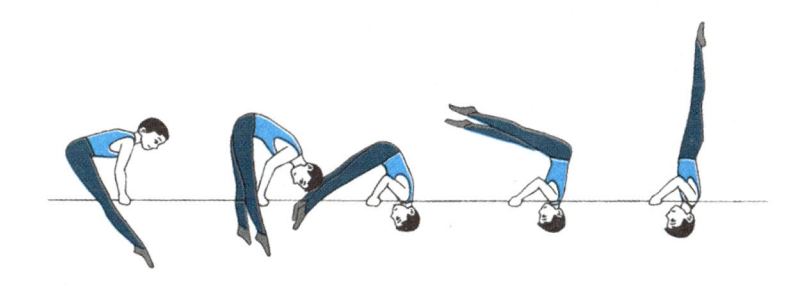

图 9-5-1

第六节 分腿坐前滚翻呈分腿坐

分腿坐前滚翻呈分腿坐简单易学，容易掌握，即使是初学者也能很快掌握。下面介绍这个技术动作的动作方法、保护帮助、注意事项和辅助练习。

一、动作方法

（1）由分腿坐开始，两手于体前靠近大腿处撑杠；
（2）上体前倒，屈臂夹肘，低头含胸，收腹提臀，拱背，使身体前翻；
（3）肩触杠时两肘外张，以肩或上臂撑杠，并腿，重心前移；
（4）身体重心向前移至略过肩垂直部位时，两手迅速向前换握杠，并向下压杠；
（5）当臀部接近杠水平面时，主动分腿展髋下压，两臂用力撑杠，上体前跟，呈分腿坐。

二、保护帮助

（1）保护帮助者站在杠侧，一手托膝上部，另一手从杠下托其肩，帮助提臀屈体，提高重心，并随其前滚而换手至托其背和腰，帮助前滚呈分腿坐；
（2）可两人分别站于两侧一起进行帮助。

三、注意事项

（1）骑坐，上体前倒时，开肘撑杠；

（2）滚翻两手换握时应做到放手迟，握杠早；

（3）经屈体挂臂撑后，应立即顺势伸髋分腿，下压跟肩呈分腿坐；

（4）上体前倒，手要靠近大腿处撑杠，肩要靠近手，同时低头、收腹、提臀、腿离杠，肩着杠时及时分肘，以肩臂撑压杠，以防漏杠；

（5）滚翻圆滑、连贯，换握时抬高臀位，有并腿过程。

四、辅助练习

（1）练习在低双杠上提重心和肩触杠肘外展动作；

（2）在练习者前方的杠上铺一块海绵垫子，在帮助下慢速完成动作；

（3）在低双杠下放置一个低于杠面的山羊或跳箱，杠上前上方放一块垫子，练习者屈体站于山羊或跳箱一端，屈臂外展两肘，两肩撑杠，脚蹬山羊或跳箱做前滚翻呈分腿坐垫子上的练习，或做分腿坐前滚翻呈分腿坐练习（见图 9-6-1）。

图 9-6-1

第七节 肩倒立前滚翻呈分腿坐

　　肩倒立前滚翻呈分腿坐是双杠基本技术中一种比较简单的技术,学起来比较容易。下面介绍这个技术动作的动作方法、保护帮助、注意事项和辅助练习。

一、动作方法

（1）由肩倒立开始，含胸、低头、屈髋，向前滚翻；
（2）两手及时换握经屈体控臂撑，当臀部接进杠面时，分腿伸髋下压，两臂用力撑杠，抬起上体呈分腿坐。

二、保护帮助

帮助者站于侧方，做前滚翻时两手从杠下托背。

三、注意事项

（1）肩倒立前翻时两肘要保持外展姿势；
（2）滚翻两手换握时应做到放手迟，握杠早；
（3）换握时抬高臀位，滚翻要圆滑。

四、辅助练习

练习跳起屈体挂臂撑（臀部高于杠面）伸髋分腿下压呈分腿坐（见图 9-7-1）。

图 9-7-1

第八节 外侧坐越两杠下

外侧坐越两杠下是基本技术中下杠技术中的一种，动作比较简单，适合初学者。下面介绍这个技术动作的动作方法、保护帮助、注意事项和辅助练习。

一、动作方法

（1）由外侧坐两手体后撑杠开始（以向左为例），上体略后移，随两腿并拢向左前上方摆起，同时重心左移越两杠；

（2）当腿越过左杠接近极点时，两腿下压伸展髋关节，两手推杠，右手换握左杠，左臂侧举，落地呈侧立。

二、保护帮助

（1）保护帮助者站在练习者左侧，当练习者做两腿向左前方摆起时，左手握其上臂，右手从杠上托送背部或臀部，帮助越杠；

（2）保护帮助者可站于杠中间，一手扶练习者上臂，另一手托其腰部帮助摆越两杠。

三、注意事项

（1）肩略后移时，充分挺胸立腰，后腿迅速向侧前上方摆起，借助杠的反弹力迅速并腿，空中展髋挺身；

（2）展髋挺身应在移出杠水平面后完成；

（3）越两杠时要用力推杠，重心左移。

四、辅助练习

（1）练习由外侧坐摆越一杠呈支撑；
（2）练习外侧坐越两杠下（见图 9-8-1）。

图 9-8-1

第九节 支撑摆动

支撑摆动是双杠基本技术中摆动技术的一种,适合初学者。下面介绍这个技术动作的动作方法、保护帮助、注意事项和辅助练习。

一、动作方法

(1)由支撑开始,举腿送髋前伸获得摆动动能;
(2)获得动能后直体自然下落,直臂顶肩,以肩为轴向后摆动;
(3)当身体下摆至与杠的垂直位时,用力向后上方甩腿,加速后摆,并逐渐顶开肩角,保持含胸、紧腰、夹臂,直体上摆到极点;
(4)前摆时,身体由后上方保持顶肩,直体自然下摆,当身体前摆过垂直位后主动收腹屈髋,向前上方用力摆腿,同时两臂用力向后下方撑杠顶肩,梗头,含胸,并积极拉开肩角,伸髋,送腿,目视脚尖,自然伸直身体至极点。

二、保护帮助

(1)保护帮助者站在杠侧,一手握练习者上臂以稳固肩部,一手在前摆时,托送其背或腰部;

(2)后摆时,托送其腹部或大腿,帮助含胸顶肩,拉开肩角,向前方送出和向后上方摆起。

三、注意事项

(1)支撑摆动过程中必须以肩为轴,直臂顶肩,紧腰;
(2)随身体前后摆动,肩部尽可能保持在支撑点的垂直线上,减少前后移动的幅度;
(3)前、后摆均应过杠垂直部位后加速摆腿,拉肩送臀。

四、辅助练习

(1)在垫上仰撑和俯撑,两脚保持伸直并拢,脚尖绷直放在平肩高的凳子上,控制一定的时间;
(2)做小幅度的支撑摆动(见图9-9-1)。

图 9-9-1

第十节 支撑后摆转体180°呈分腿坐

支撑后摆转体180°呈分腿坐在学习过程中相对略难，初学者要认真学习。下面介绍这个技术动作的动作方法、保护帮助、注意事项和辅助练习。

一、动作方法

（1）由支撑摆动开始（以向右为例），当腿后摆过杠面后，含胸，肩略前移，头向右转，同时以脚尖带动髋部向右转体180°；
（2）右手推杠，分腿送髋，以大腿内侧坐杠；
（3）两手换撑于体后，呈分腿坐。

二、保护帮助

（1）保护帮助者站在练习者转体一侧，左手从杠中扶练习者右髋（远侧），另一手推其左髋，用搓的方法帮助练习者转体呈分腿坐；
（2）保护帮助者站在练习者转体的另一侧，当练习者后摆过垂直位后，两手扶其髋部，待其后摆腿出杠后用搓的方法帮助其转体呈分腿坐。

三、注意事项

（1）前摆时身体要充分伸展；
（2）后摆时仍保持直体，先转体后分腿，勿提臀；
（3）后摆转体动作要协调、流畅。

四、辅助练习

（1）在垫子上练习由俯撑蹬地后摆转体180°，呈分腿坐撑；
（2）做支撑后摆转髋练习（见图9-10-1）。

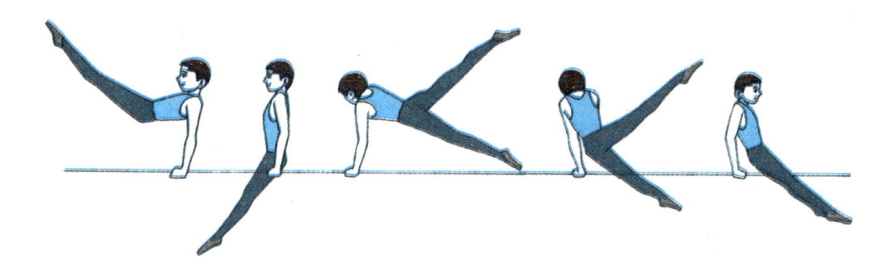

图9-10-1

第十一节 支撑前摆下

支撑前摆下是基本技术中下杠技术的一种,简单易学。下面介绍这个技术动作的动作方法、保护帮助、注意事项和辅助练习。

一、动作方法

（1）以向左侧下为例,由支撑后摆开始;
（2）当身体前摆过垂直面后,两腿加速向前上方摆起并主动屈髋,同时身体重心左移;
（3）当腿将至极点时迅速制动腿,并积极向前下方伸髋展体,同时两臂用力顶肩推杠,右手换握左杠,左臂侧举,挺身落下,呈杠外侧立。

二、保护帮助

保护帮助者站在练习者落地点同侧,左手握其左上臂,右手从杠上托送背或臀部,帮助出杠。

三、注意事项

（1）身体前摆过垂直面后，两腿加速前摆时主动屈髋，伸髋展体快速有力；
（2）向前上方摆腿时要同时移重心；
（3）推手、伸髋、展体、立上体要果断、协调；
（4）出杠时臀部在肘关节水平面以上。

四、辅助练习

（1）利用低杠练习跳起支撑前摆下；
（2）练习支撑摆动、前摆踢腿和主动收腹屈髋举腿动作（见图9-11-1）。

图 9-11-1

第十二节 支撑前摆向内转体180°下

支撑前摆向内转体180°下与支撑前摆下相比多了一个转体动作,增加了难度,但是如果熟练掌握了支撑前摆下,做支撑前摆向内转体180°下就比较容易了。下面介绍这个技术动作的动作方法、保护帮助、注意事项和辅助练习。

一、动作方法

(1)以右侧下为例,由支撑后摆开始;
(2)身体前摆过杠下垂直位时,两腿加速向前上方摆起,收腹略屈髋;
(3)两臂侧顶重心开始右移,当前摆至接近极点时,右臂顶肩脱离杠;
(4)随即以脚尖带动髋部,上体向内转体180°,同时边转边展髋挺身,两手依次推离杠,然后右手换握右杠落下。

二、保护帮助

保护帮助者站在练习者下杠一侧,一手托其腰部,另一手在其转体时扶其髋部,顺势推搓以帮助其转体下。

三、注意事项

（1）要以脚尖带动转髋和转体，转体的同时展髋；
（2）转体、转髋要协调流畅。

四、辅助练习

（1）练习支撑前摆向内转体 90°下；
（2）在帮助下完成支撑前摆向内转体 180°下（见图 9-12-1）。

图 9-12-1

第十三节 支撑后摆下

支撑后摆下是基本技术中下杠技术的一种，和支撑前摆下动作类似，只是方向相反。下面介绍这个技术动作的动作方法、保护帮助、注意事项和辅助练习。

一、动作方法

（1）由支撑前摆开始，身体后摆过杠下垂直部位后，两腿用力向后上方摆起；

（2）当腿后摆至极点时，身体重心左（右）移出杠外，同时右（左）手迅速推离杠，换握左（右）杠（换握左杠时左手在前，换握右杠时右手在前）；

（3）左（右）手推离杠，摆至侧上举，挺胸，抬头，紧腰；

（4）落地时，及时做收腹屈膝的缓冲动作。

二、保护帮助

（1）保护帮助者站在练习者落地点一侧，一手握其上臂，另一手在身体后摆过杠面时托送腹部，帮助移出，接着两手扶腰保护落地；

（2）或另一人站在异侧后方，推送胫侧部或腿部，帮助出杠。

三、注意事项

(1) 后摆时含胸，直臂顶肩；
(2) 推杠有力，换握及时；
(3) 右手换握左杠后要继续顶肩后摆；
(4) 空中呈单臂支撑时保持抬头、挺身、紧腰姿势。

四、辅助练习

(1) 反复练习支撑摆动；
(2) 练习俯撑依次推手向侧移动；
(3) 沿左杠端拉一条橡皮筋，做杠端面向杠内的支撑后摆向左（越过橡皮筋）挺身下；
(4) 在帮助下练习幅度由小到大的后摆下（见图 9-13-1）。

图 9-13-1

第十四节 挂臂屈身上

挂臂屈身上是双杠上杠技术的一种,对力量要求较高。下面介绍这个技术动作的动作方法、保护帮助、注意事项和辅助练习。

一、动作方法

(1)由挂臂摆动开始,当身体前摆过垂直位后,向前上方摆腿;
(2)两臂压杠使臀部出杠,高出杠面,然后收腹举腿呈屈体挂臂撑,接着两腿借助反弹力迅速向前上方伸腿、送髋、展体,腿和臀部尽量向前上方远伸;
(3)伸展将至身体充分伸直时,积极制动腿,同时直臂用力压杠,上体向上急振,起肩呈支撑。

二、保护帮助

保护帮助者站在杠侧,在屈伸时,一手扶其上臂,一手托腰或背,帮助上起呈支撑。

三、注意事项

（1）屈伸时，控制腿的方向；
（2）制动的同时两直臂用力朝后下方压杠，振上体；
（3）制动腿和压臂配合要协调。

四、辅助练习

（1）练习挂臂屈伸上呈分腿坐；
（2）在低杠或中杠上挂臂撑，做一脚蹬地，另一腿上举呈挂臂撑屈伸上；
（3）仰卧屈体于海绵垫上，在帮助下做向前上方伸腿展髋练习（见图 9-14-1）。

图 9-14-1

第十五节 前摆上

前摆上也是双杠基本技术中上杠技术的一种。下面介绍这个技术动作的动作方法、保护帮助、注意事项和辅助练习。

一、动作方法

(1)由挂臂撑摆动开始,后摆时,两臂略屈挂臂压杠;
(2)两腿向后上方摆起,略出杠面;
(3)前摆时,两臂压紧杠面,伸腿展髋;
(4)当身体前摆至垂直面时,两臂略有下沉;
(5)摆过垂直部位后,含胸,略屈髋,迅速向前上方摆腿;
(6)当两腿摆至杠面时,立即前伸制动腿,同时两臂迅速用力压杠,含胸,梗头,急振上体,上起呈支撑,腿和臀部尽量向前上方远伸。

二、保护帮助

保护帮助者站在练习者的侧面,从杠下一手托其背部或臀部,另一手托腿,帮助呈支撑。

三、注意事项

（1）前摆接近极点时要立即制动腿；
（2）制动腿和两臂用力压杠要协调，防止拉杠；
（3）上体上起呈支撑时，肩轴要积极向前上移动。

四、辅助练习

（1）反复练习挂臂撑摆动；
（2）低双杠挂臂撑，做一腿前摆，另一脚蹬地的前摆上动作；
（3）练习挂臂撑前摆，腿出杠面时，前伸制动腿，两臂用力压杠，急振上体，使身体自然抛起，但不上呈支撑（见图9-15-1）。

图9-15-1

第十六节 后摆上

后摆上和前摆上类似,只是方向相反,也是上杠技术的一种。下面介绍这个技术动作的动作方法、保护帮助、注意事项和辅助练习。

一、动作方法

(1)由屈体挂臂撑开始,两腿向前上方远伸,髋关节展开,臀部远送,同时两手拉杠,使肩前移接近握点,身体由前向后摆;

(2)当身体接近杠下垂直部位时,髋关节略屈,肩略下沉,经过杠下垂直部位后,用力向后上方摆腿展髋;

(3)两腿摆过杠面后,两臂用力压杠,同时含胸,肩略前移,推直两臂呈支撑,两腿继续上摆。

二、保护帮助

(1)保护帮助者站在练习者的侧面,当练习者做屈体挂臂撑,两腿和臀部向前上方摆出时,一手在杠下托其肩,另一手托其腰背,向前上方送出;

(2)练习者后摆时,保护帮助者托送其腹部帮助上呈支撑。

三、注意事项

（1）两腿向前上方远伸前摆时，必须使肩前移接近握点；
（2）身体在后摆过杠下垂直面后，用力向后上方摆腿；
（3）呈支撑时腿仍继续上摆，勿制动腿。

四、辅助练习

（1）反复练习挂臂撑摆动；
（2）做屈体挂臂撑，伸腿送臀（要高远）练习；
（3）做拉杠引肩接近握点的练习（见图 9-16-1）。

图 9-16-1

第十七节 支撑摆动臂屈伸

支撑摆动臂屈伸在基本动作协调的基础上就容易做到动作规范，动作比较容易，初学者很快就能掌握。下面介绍这个技术动作的动作方法、保护帮助、注意事项和辅助练习。

一、动作方法

（1）由支撑摆动开始，当支撑后摆接近最高点时顶肩，两臂伸直，随身体前摆，两臂主动弯曲至最大限度，前摆过垂直部位后，略屈髋，加速向前上方摆腿；

（2）向前上方摆腿的同时，两臂用力撑杠，逐渐伸直，拉开肩角，前摆至最高点，呈直臂支撑；

（3）由支撑摆动开始，当支撑前摆接近最高点时，两臂主动弯曲至最大限度，身体自然后摆，略屈髋；

（4）后摆过垂直部位后，加速向后上方摆腿展髋，远伸脚尖，两臂用力撑杠，逐渐伸直，后摆至最高点，呈直臂支撑。

二、保护帮助

保护帮助者站在杠侧，一手握其上臂帮助支撑，另一手在前摆时托送其背部，后摆时托送其腹部或大腿，帮助提高身体重心。

三、注意事项

（1）两臂弯曲时，身体应保持伸直；
（2）屈臂前后摆时两肘内夹；
（3）前、后摆时，均应过杠下垂直部位后，加速摆腿；
（4）先屈臂后下摆，上摆同时，伸直两臂。

四、辅助练习

（1）练习俯卧撑和仰卧撑；
（2）做小幅度支撑摆动臂屈伸练习；
（3）从屈臂撑开始做前摆伸臂和后摆伸臂呈支撑练习（见图9-17-1）。

图 9-17-1

第十八节 支撑后摆呈肩倒立

支撑后摆呈肩倒立是在支撑摆动和肩倒立基础上演化而来的。下面介绍这个技术动作的动作方法、保护帮助、注意事项和辅助练习。

一、动作方法

（1）支撑后摆过水平面上约45°后，肩前移屈臂；
（2）当肩部触杠时，两肘张开，同时抬头、紧腰，身体伸直呈肩倒立。

二、保护帮助

保护者一手托其胸，另一手扶其背，帮助上呈倒立和防止下落。

三、注意事项

（1）摆动要舒展，没有突然加速动作；
（2）呈肩倒立时要抬头、分肘，防止下落；
（3）肩前移、屈臂、后摆应协调配合；

(4)要求后摆超过水平面45°下呈肩倒立；
(5)不能做成用力动作。

四、辅助练习

(1)练习支撑摆动；
(2)练习肩倒立(见图9-18-1)。

图 9-18-1

第十九节 杠端跳起支撑移行至远端

杠端跳起支撑移行至远端这个动作一般的初学者都能够做到,并且危险性较小,做不到的同学练习一下手臂力量就能掌握。下面介绍这个技术动作的动作方法、保护帮助、注意事项和辅助练习。

一、动作方法

(1)面对杠端站立,从内握杠,跳起呈直臂撑杠;
(2)上体左倒,肩略左倾,下肢同时略向右摆,右手推离杠,向前移动一步再撑杠;
(3)上体右倒,肩略右倾,下肢同时略向左摆,左手推离杠,向前移动一步再撑杠,照此依次移行至远端。

二、保护帮助

保护帮助者站在练习者的后面,双手托扶其髋部两侧,帮助支撑向前移动。

三、注意事项

（1）移动重心与推离杠同时进行；
（2）直臂顶肩，推手要有力并迅速前移握杠；
（3）移行的距离不宜太大。

四、辅助练习

（1）练习做徒手直臂顶肩推手；
（2）做左右移动重心练习；
（3）在低双杠上做原地身体左右小摆动练习；
（4）两手依次做推撑杠练习（见图9-19-1）。

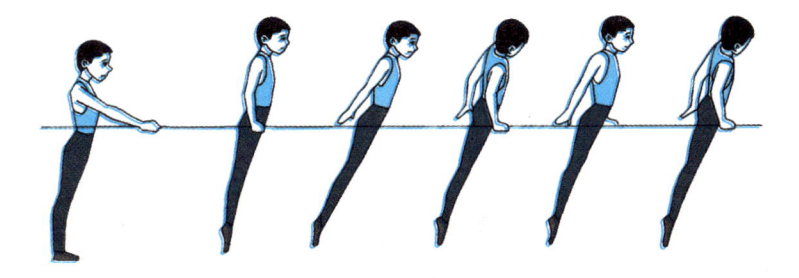

图 9-19-1

第二十节 肩倒立前滚翻呈分腿坐

肩倒立前滚翻呈分腿坐是练习肩倒立基础上的技术延伸,只要熟练掌握肩倒立,肩倒立前滚翻呈分腿坐就很容易掌握。下面介绍这个技术动作的动作方法、保护帮助、注意事项和辅助练习。

一、动作方法

(1)由肩倒立开始,含胸、低头、屈髋,向前滚翻,两手及时换握经屈体挂臂撑;
(2)当臀部接近杠面时,分腿伸髋下压,两臂用力撑杠;
(3)抬起上体呈分腿坐。

二、保护帮助

保护帮助者站在练习者的侧面,当前滚时一手在杠下托其肩,另一手托其腰背帮助抬上体呈分腿坐。

三、注意事项

(1)肩倒立时两肘要保持外展姿势,以免漏杠;
(2)滚翻两手换握时应做到放手迟、握杠早;
(3)换握时臀位高,滚翻圆滑。

四、辅助练习

(1)先练习跳起屈体挂臂撑(臀部高于杠面),伸髋分腿下压呈分腿坐;
(2)在帮助下做完整动作,帮助者站于侧方,做前滚翻时两手从杠下托背(见图9-20-1)。

图 9-20-1

第二十一节 肩倒立侧翻下

肩倒立侧翻下是一种基本的下杠技术，动作简单，容易掌握。下面介绍这个技术动作的动作方法、保护帮助、注意事项和辅助练习。

一、动作方法

（1）由肩倒立开始，足尖侧倒带动身体顺势向右（左）侧移动重心；

（2）接着左（右）手推杠，同时右（左）肩部顶杠，侧翻下呈侧立。

二、保护帮助

保护者站在练习者侧倒方向同侧的侧后方，或者站在杠内，帮助其完成动作。

三、注意事项

（1）侧翻过程中身体和头部应保持一定紧张度，足尖应远伸；

（2）侧翻时，身体要保持伸直姿势。

四、辅助练习

(1)应先掌握肩倒立的技术；
(2)可先在低双杠上练习,然后再上高双杠(见图9-21-1)。

图 9-21-1

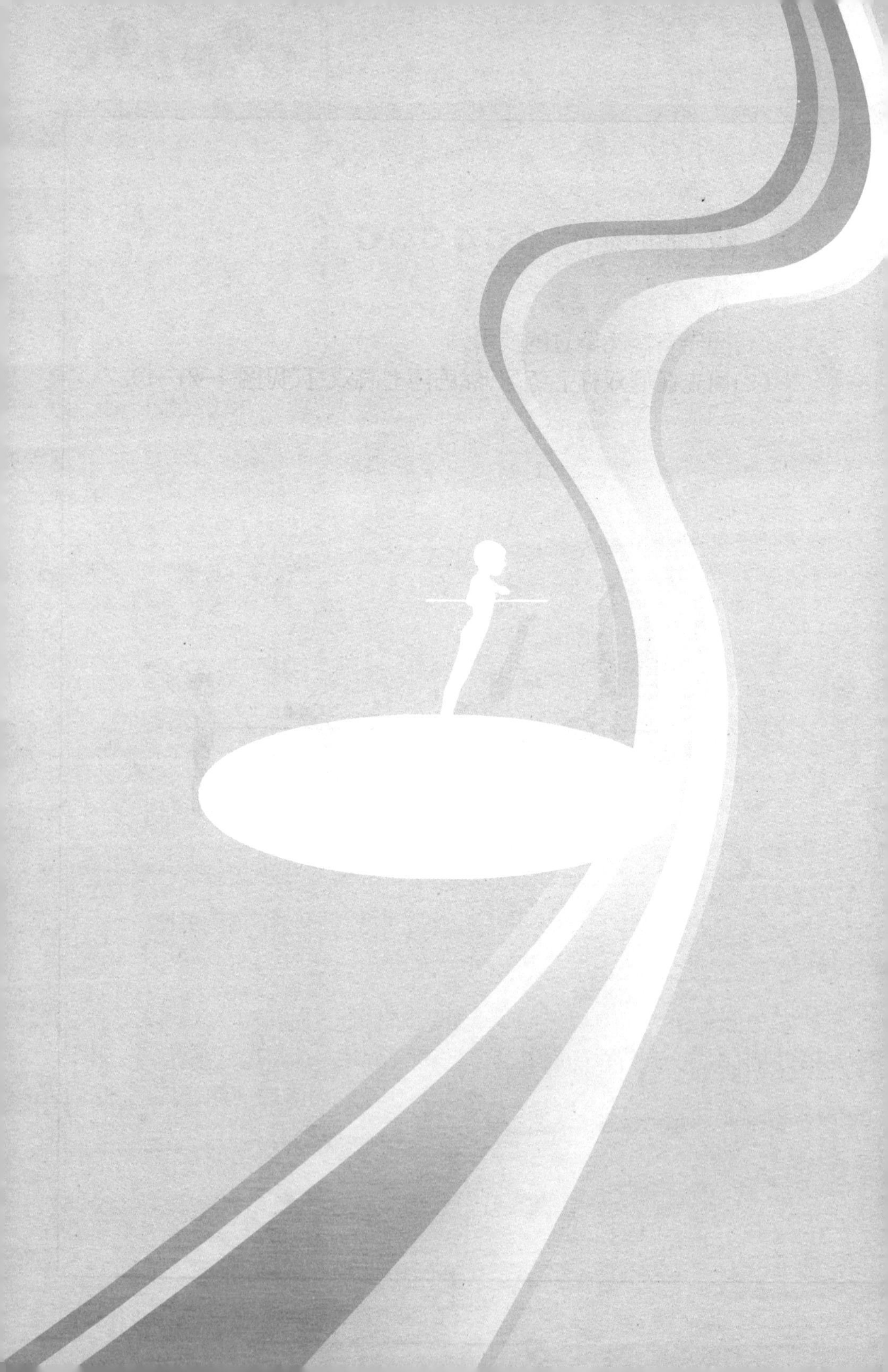

第十章 双杠基本套路

　　学习基本技术是学习基本套路的基础,但是能够熟练地掌握基本技术并不一定能学好基本套路,由于基本套路是几个基本技术组合而成的,需要衔接,并且对力量的要求要比练习单个技术高,所以初学者还要加强力量性练习,这样就能够很好地掌握基本套路。下面主要介绍三套动作。

第一节 第一套

第一套动作由六个基本动作组成,动作难度要求都不是很高,初学者容易掌握。第一套的动作方法(见图 10-1-1)是:

(1)跳上呈分腿坐;
(2)前滚翻呈分腿坐;
(3)两腿后摆并腿;
(4)支撑后摆转体 180°呈分腿坐;
(5)支撑摆动;
(6)后摆挺身下。

图 10-1-1

第二节 第二套

第二套动作也由六个基本动作组成，动作难度略高，但只要初学者能够认真练习，也会很快掌握。第二套的动作方法（见图10-2-1）是：

(1)挂臂撑屈伸上呈分腿坐；
(2)分腿慢起肩倒立2秒；
(3)前滚翻呈分腿坐；
(4)弹杠前摆并腿，后摆转体180°呈分腿坐；
(5)两手体前握杠，两腿后摆并腿；
(6)前摆下。

图 10-2-1

第三节 第三套

第三套动作和前两套动作一样都由六个基本动作组成，动作难度和第二套相似，初学者应该认真学习。第三套的动作方法（见图 10-3-1）是：

（1）前摆上；
（2）后摆呈肩倒立 2 秒；
（3）前滚翻呈分腿坐；
（4）两手体前握杠，两腿后滑呈挂臂撑前摆；
（5）挂臂撑屈伸上；
（6）支撑后摆挺身下。

单杠双杠

图 10-3-1

第十一章 双杠比赛规则

比赛需要遵循一定的程序来开展,同时也需要必要的裁判工作来维持。合理的程序是比赛顺利进行的前提条件,正确、合理的裁判工作是比赛公平、公正的基本保障。了解比赛规则的相关知识,能够使观众更全面、更深入地欣赏比赛,同时也能使运动员游刃有余地进行比赛。

第一节 程序

青少年的双杠比赛,一般都是规定性动作,下面介绍双杠规定动作程序方面的规定。

一、参赛办法

(一)组织机构(见图 11-1-1)

根据比赛规模大小,成立组织机构,并由竞赛委员会召开领队和教练等有关方面参加的联席会议,会议内容包括:

(1)介绍比赛场地及有关工作的筹备情况;

(2)解释竞赛规程和评分规则等方面的有关问题;

(3)抽签决定比赛顺序和安排试用场地,研究和决定有关比赛事宜。

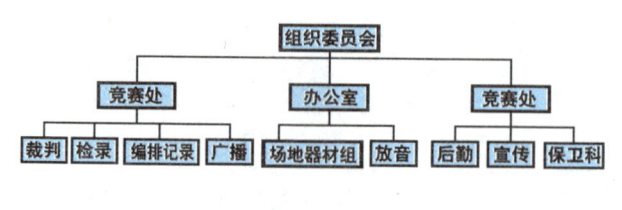

```
                    组织委员会
         ┌─────────────┼─────────────┐
       竞赛处         办公室         竞赛处
   ┌───┬───┬───┐   ┌───┬───┐    ┌───┬───┬───┐
  裁判 检录 编排记录 广播 场地器材组 放音  后勤 宣传 保卫科
```

图 11-1-1

(二)比赛规程

比赛规程是比赛的指导性文件,其文字应简明、准确,使参赛单位不致产生误解。比赛规程应提前发放到参赛单位和有关部门,以便做好参赛准备并安排好各项事宜。比赛规程一般包括下列内容:

(1)比赛的名称;
(2)比赛的目的和任务;
(3)比赛的日期和地点;
(4)参赛单位;
(5)比赛的项目(内容);
(6)比赛办法;
(7)参赛者的人数及条件限制等规定;
(8)评分办法;
(9)名次录取及奖励办法;
(10)报名及报到的方式、日期、地点;
(11)其他未尽事宜由承办单位另行通知。

(三)编印顺序册

在确定比赛顺序和比赛场次后,总记录组应尽快编印顺序册,其主要内容包括:竞赛规程、组委会或竞委会、大会办事机构、仲裁委员会、裁判员名单、参赛单位、大会活动日程安排、竞赛日程、比赛顺序和比赛场地示意图等。

(四)组织裁判学习

赛前首先由总裁判长对裁判员进行裁判分工。然后,用1~3天的时间学习竞赛规程和评分规则,统一评分标准,到现场观看训练并进行试评。

(五)比赛前准备工作

做好场地、器械的准备工作,包括设计和复印裁判员评分表、比赛成绩记录表等竞赛用表;做好画场地、钉标记、安装音响设备等后勤工作;准备好裁判评分用具。

(六)颁奖

为保证比赛的顺利进行,大会与裁判组工作要协调配合,统一指挥,衔接紧凑。为了确保比赛分值准确无误和比赛紧凑进行,比赛可采用迟一队宣布成绩的方法,即第二个队做操完毕退场时宣布第一个队的成绩,依次类推。比赛结束应及时当众发奖,发奖仪式应简短热烈,以达到良好的宣传效果。

二、比赛方法

(一)动作要求

(1)运动员在双杠项目上做上法或助跑时,必须从双腿并拢站立姿势开始;

(2)运动员做上法时,摆一条腿或迈一步是不允许的,双脚必须同时离地;

(3)一套动作以单手或双手接触杠子开始算起,从双脚离地起开始评分;

(4)不允许有预备动作,即在手握一杠或两杠之前,不能做绕身体轴线转体超过180°的动作。

(二)编排要求

(1)一套动作中最多允许有3个停顿,其他大于或等于1秒的停顿是不允许的;

(2)所有确认的静止动作最少要保持2秒钟;

(3)不允许只简单地改变方向和后摆落呈较低的悬垂或支撑位置,如挂臂悬垂后摆接长振屈伸上、支撑后摆接挂臂前摆上和支撑后摆接向后大回环等。

第二节 裁判

裁判是比赛顺利进行的基本保障，是比赛公平、公正的基础。了解裁判工作的相关知识，有助于观众更加深入地欣赏比赛，也有助于运动员充分发挥自己的技术水平，取得好的成绩。

一、裁判员

裁判员必须做到严肃、认真、公正、准确、稳定，必须精通动作的评分规则，掌握动作的技术规格和裁判方法，尤其要把握双杠运动的评分特点。

按照国际体操联合会的规定，在大型比赛中，每个项目的裁判员人数为9人，其中裁判长1人，A组裁判员2人（2人中包括技术助理1人），B组裁判员6人。裁判长的任务是指导和监督本组裁判员的评分工作。A组裁判员主要是根据运动员一套动作的难度、特殊要求和加分等计算出起评分。B组裁判员主要是对运动员动作的完成情况进行扣分。

二、评分

(一)扣分标准

各等级的规定动作都有明确的动作规格和具体的扣分标准,其他错误均按国际体操评分规则的要求进行扣分。

1. 漏做动作

如果运动员漏做了规定动作中的某个或部分动作,应扣去该动作或部分动作的整个分值。

2. 附加动作

对于多做的动作部分,每次均按虚摆处理,女子每次扣0.3分;男子半个虚摆扣0.2分,整个虚摆扣0.3分。

3. 改变动作方向

运动员的动作方向与规定方向相反,扣该动作分值的一半;女子允许部分或全部改变动作方向,但动作路线不能改变,否则扣0.2分。

4. 重做

规定动作原则上不能重做,如果不是运动员的原因使得动作中断,须在裁判长或总裁判长的允许下才可重做。

5. 掉下

运动员从器械上掉下(无论脱手与否),应在30秒内继续完成动作,每次掉下扣0.5分。

6. 帮助

规定动作不允许帮助,否则扣所帮助动作的分值。

（二）一般错误扣分标准

具体内容如下：

1. 错误内容（见图 11-2-1）
2. 错误扣分等级

女子：

(1) 轻微小错，扣 0.1 分
(2) 中错，扣 0.2 分；
(3) 大错，扣 0.3 分；
(4) 非常大错，扣 0.5 分或更多；
(5) 严重错误，扣 0.35～0.5 分或更多。

男子：

(1) 小错，扣 0.1 分；
(2) 中错，扣 0.2 分；
(3) 大错，扣 0.3 分；
(4) 掉下，扣 0.5 分。

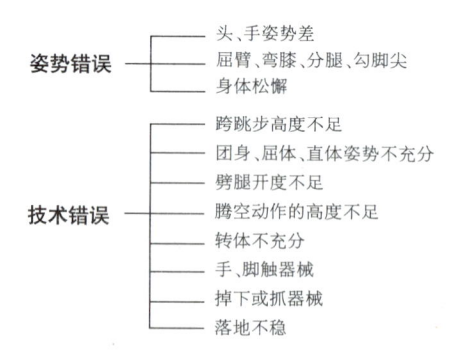

姿势错误
— 头、手姿势差
— 屈臂、弯膝、分腿、勾脚尖
— 身体松懈

技术错误
— 跨跳步高度不足
— 团身、屈体、直体姿势不充分
— 劈腿开度不足
— 腾空动作的高度不足
— 转体不充分
— 手、脚触器械
— 掉下或抓器械
— 落地不稳

图 11-2-1